Warum deutsche Frauen keine High Heels tragen

ドイツの女性はヒールを履かない

無理しない、ストレスから自由になる生き方

Sandra Haefelin
サンドラ・ヘフェリン〔著〕

自由国民社

はじめに
毎日がんばりすぎていませんか？

こんにちは。『ドイツの女性はヒールを履かない――無理しない、ストレスから自由になる生き方』を手に取っていただきありがとうございます。この本では基本的には「どうやったら、がんばらないで、生きることができるか」ということを書いています。

本題に入る前に少しだけ自己紹介を。私は23歳までドイツで過ごし、今では日本での生活のほうがドイツよりも少しばかり長くなりました。父親がドイツ人、母親が日本人のいわゆる「ハーフ」だということもあり、初めて会う人には「どちらの国のほうが好きですか？」と聞かれることもあります。そんな中で「ドイツと日本の似ているところ」「ドイツと日本の違い」に話題が及ぶことも。

前者に関しては、「日本人もドイツ人も真面目で割と時間を守る」「仕事をする時に詳細な計画を立てる」など気質の面で似ている面があると感じます。ちょっと難しいのが後者です。なぜなら日本では「男性であるか」それとも「女性であるか」で話がだいぶ違ってくるからです。

ドイツだったら想像もつかないようなところに気を配る日本の女性

ここ数年「日本のキャラ弁」が世界でも注目を浴びています。芸術家が作ったのではないかと思われるほど絶妙なキャラ弁を実際に見ると欧米人はやっぱりビックリします。キャラ弁は今や日本が誇れる文化です。最近はキャラ弁作りに凝る男性も出てきてはいるものの、日常の生活の中で定期的にキャラ弁を作っているのはやっぱり「お母さん」が多いようです。

つまり女性です。春だったら、桜をモチーフにしたもの、冬だったら雪やクリスマスをテーマとしたもの、などそのクリエイティビティーには驚かされるばかりです。

でも聞いてみると、女性はお弁当を作るためにかなり早起きをしているようなのです。知人女性は子供にお弁当を作るために「5時起き」でがんばっていると話します。女性は仕事のため夜寝るのが遅くなることもあると言いますが、そんな中でも平日はお弁当作りのために朝5時には起床。聞いていて、これは体力的にかなりキツいのではないか……なんて心配になります。

ところで私が日本の会社で働いていた時、毎日綺麗に化粧をしている女性がいました。私だけではなくその職場の皆で「きれい～」と言っていたところ、女性は言いました。「でも、これ、毎朝1時間かかるんですよ～」と。朝、スキンケアを念入りにし、化粧を始め、それが仕上がるまでの時間が1時間！「きれいの裏にはたくさんの努力があるんだな。だからいつ見てもあんなにきれいなんだな」と感心するも、こう思ってしまうのでした。「でもやっぱり、そのぶん1時間寝ているほうが幸せかな」と。

ドイツにも化粧をする女性はいるのですが、仕事でもプライベートでも「すっぴん」の女性に会うことのほうが多いです。「すっぴん」がスタンダードであるせいか、「今日はすっぴんなんです」と自己申告してくる女性もいません。「お化粧をするのは遊びに行く時だけで、仕事の時はずっとすっぴん」の女性もいます。「化粧が社会人の女性としてのマナー」とされている日本で、「いつもすっぴん」というのは賛否両論あるでしょうが、私はドイツで育ったせいか、「生まれ持った顔をそのまま見せるのが相手に失礼」だという感覚にはやっぱりついていけないと思ってしまいます。

そんなことを考えていたところ、「最も寝ていないのは日本人の女性」だというニュースを思い出しました。経済協力開発機構（ＯＥＣＤ）の

２０２１年の調査では「33カ国中、最も寝ていないのは日本の女性」なのだそうです。共働きの夫婦の場合でも、多くの場合、結局は女性が家事に時間を割くことになるので、睡眠時間が短くなるのだと考えられています。
（参照 https://www.asahi.com/articles/ASR325V6WR32DIFI00R.html ）

人間関係においても、日本の女性は「何かと気を遣っている」ことが多いように感じます。例えば子供のいる既婚女性は「独身の女性に子供の話をするのはやっぱりよくないかしら」と悩んだりします。仕事を持つ女性は「専業主婦の友達と会う時、仕事の話をしたら、やっぱり悪いかしら」と悩むことも。

ドイツの場合は、あっけらかんとした人が多く、良くも悪くも自分本位の人が多いです。自分の子供が可愛ければ、相手が独身だろうと子供がいなかろうと、「親ばか全開」で子供の話をします（笑）。相手の状況よりも、まず自分が話したいことをバーッと話すというわけです。話が長くなったりすると、確かに聞いている人にとっては迷惑かもしれません。でもそうしたら、違う話題を振ればいいわけです。会話を始める前から「こんなことを言っては悪いかしら……？」などとあれこれ考える必要はないと思います。

ドイツを含むヨーロッパの国に行く日本人は、ビックリするような経験をすることがあります。ある日本人女性は観光でドイツに行き、現地で道を歩いていたら、ドイツ人に道を聞かれたと言います。一般の日本の感覚だと、「なぜわざわざドイツ人に見えない人に道を聞くのか」と不思議に思いそうなものですが、ドイツ人はそもそも相手のことをそこまで見ていないので、あまり気にしないのです。自分が道を知りたい。だから通りかかった人に道を聞く。それだけです。

べつに「年相応」でなくてもいい

「年相応の恰好」「年相応のファッション」というように、この国では女性にまつわる話題には何かとこの「年相応」という言葉が登場する気がします。現実的な言葉だなと思う一方で、「呪縛」のようなものも感じます。もしかしたら「ファッション的な視点」から見れば、若い女性のほうが、思いっきりデコルテの見える「胸元が開いた服」が似合うのかもしれません。でも年齢を重ねた女性がそのような服を着ていても誰の迷惑になるわけでもありません。「似合わない」と思った人がいたとしても、自分が着たければ着ればいいいと思うのです。ドイツでは60代の女性が大きく胸元が開いた服を着ていたりしますし、70代の女性が堂々と彼氏の話をしてのろけていたりします。

「変な格好をしている」と思われないためにがんばったり、「自己中心的」だと思われないように気配りをしたり、といったことを、「ゼロ」にする必要はないけれど、「ほどほどに」で良いと思うのです。

最近コロナ禍がひと段落し、日本に来る外国人観光客も増えました。そんな中、ドイツに住む私の友達が日本に遊びに来ました。ベジタリアンである彼女と日本人も交えてちょっぴりおしゃれなハンバーガー屋さんで食事をしました。日本人は「彼女がベジタリアン」だと聞くや否や、気を遣って全員がベジバーガー（肉の入っていないハンバーガー）を頼んでいました。とても日本人らしい気遣いだなと感じました。それと同時に「自分の食べたいものを食べたほうがストレスがたまらないのにな」とも思いました。ちなみに私はガッツリ「肉のハンバーガー」をいただきました（笑）。

ところで、日本の男性の名誉のために書くと、日本の男性もがんばっていないわけではありません。でもそのがんばりは仕事に限定されている傾向があるように感じます。男性が「仕事だけガッツリがんばっている」一方で、女性は「仕事でも家庭でもがんばる」ことが求められることが多いため、どこか無理が生じるのではないでしょうか。

我が国（日本のことです）では、女性がありとあらゆる面で「がんばりすぎている」ということを念頭に置き、「日本の女性の睡眠時間は世界で一番短い」ということも頭の片隅に入れ、省ける手間は積極的に省くようにしたいものです。この本の中には「家事の外注」（91頁）など貴女を「ラク」な方向に導く情報を盛り込んでいます。

みなさんには「がんばるのをやめてみる」ことを勧めたいところですが、「がんばる」ことが当たり前となっている日本ではあまり現実的ではないので……「ほどほどに、がんばる」をお勧めしたいと思います。

貴女も私も自由でハッピーな生活ができますように！

サンドラ・ヘフェリン

Contents

Chapter 3

気楽に生きる

Chapter 4
ヒールは履かない

Chapter 5
努力を強いられない

Chapter 6

週末は友人と過ごす

番外編

Herzlich willkommen!

ドイツの都会は緑がいっぱい。

ひとりで散歩、パートナーと散歩、犬と散歩……
どんなライフスタイルの人にとっても、「散歩」は生活の一部。

ミュンヘンのイギリス公園。デートスポットでもある。

歩行者天国。車を気にしないで、散策できるのは気持ちいい。

自分に合う香りをチェック。
お店で手首の内側やムエットにシュッと振りかけてじっくり選ぶ。

ドイツの靴屋さんTRETTER。
足が大きい筆者はドイツに行くたびにお世話になっている。

ビアガーデンでのんびり。ビールはゆっくりと時間をかけて飲む。

週末は友達を家に呼んでホームパーティー。男女の出会いの場になることも。

Chapter 1

歩くのが
大好き

ドイツ人は「1に散歩、2に散歩、3に散歩」

ドイツ人にとって欠かせないもの。それは「散歩」です。昔のドイツでは、日曜日は家族で教会に行き、教会のミサの帰りはみんなで散歩をして、それからケーキを食べて……というのが典型的な「家族の日曜日の過ごし方」でした。

今のドイツでは教会から脱会する人も多く「教会離れ」が進んでいることから、「日曜日に教会へ行く人」は少なくなっていますが、それでも残ったもの……それは「散歩」の習慣です。

日曜日はもちろん、平日や土曜日もドイツの住宅街では「特に目的地が決まっているわけでもなく、ブラブラと歩いている人」をよく見かけます。犬を連れていたり、子連れで散歩したり、夫婦で散歩したり、もちろん一人で散歩をする人もいます。な

んともゆったりしたのどかな風景です。

●ドイツ人の「ちょっとそこまで」は「数キロメートル先」であることも

週末など時間があるときの「散歩」に限らず、とにかくドイツ人は「歩くこと」が好きです。「ちょっと歩けば行けるような距離」なら、わざわざ電車などの交通機関に頼るまでもなく、この足で歩いちゃえ、という姿勢なのです。駅の一つや二つは平気で歩いてしまいますし、仕事の帰りや、遊びに行く場所まで歩くこともあります。

ただドイツ人にとっての「ちょっとそこまで」は日本人にとっては結構な距離だったりします（笑）。ドイツ人は「歩く」ことへのハードルが低いので、平気で何キロか歩いてしまい、それをなんとも思っていないことから「ちょっとそこまで歩く」なんて言うわけです。でも日本人からしてみたら、「それは散歩というよりもハイキングに近いのでは……」と思うことも。

ドイツの町を見ていると、人が少ないわりには道を延々と「歩いている人」が多い印象。「あれ？　あの人、さっきあの駅の近くで見かけた人だけど、今はこの駅の近くを歩いているんだ？」なんていうのはよくある話です。そんな自分も歩いているわけですが。

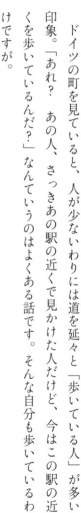

●新鮮な空気を取り込みたい！

さて、そんな「歩くのが大好きなドイツ人」ですが、その背景には、ドイツ人はfrische Luftを何よりも大事にしているというのがあります。Frische Luftとは「新鮮な空気」のことで、これが身体の健康、そして精神的な健康のためには、欠かせないと考えられています。

「ちょっと頭がボーッとするの」とドイツ人に相談すると、すぐに「新鮮な空気を吸いなさい」と散歩を勧められます。コロナ禍になってから「新鮮な空気を取り込むこと」は以前にも増して重視されています。まず、ウイルス対策のためにいつにも増して部屋を頻繁に換気します。人と会うときにマスクをつけなければならない時期も

長かったですから、「人通りの少ない道でマスクを外して歩き、新鮮な空気を取り込もう！」と、コロナ禍の中でも長い散歩に出かけるドイツ人は多かったのです。

趣味を含むいろいろな楽しみがなくなってしまった厳しいコロナ生活の中で「散歩だけが楽しみ」という人が多くいました。ただ「コロナ禍でもできること」といえば散歩ぐらいしかなかったので、1年以上「お散歩生活」が続いたドイツでは、コロナ明けに「もうSpaziergang（散歩）という言葉は聞きたくない！」という声もチラホラあります。

ところでコロナ禍になる前から、ドイツでは少なくとも1日に一度必ず家中の空気の「入れ換え」をすることが大事だとされていました。換気の仕方は大胆で、マイナス5度や10度など、どんなに気温が低い冬の日でも、パッと家中の窓を開け、まさに「家中の空気が入れ換わる」ようにするのです。その間は、羽根布団にくるまり、じっとしています。

そうして空気を入れ換えることで、家にこもった悪い空気をいったん外に出し、自

分自身もスッキリするというわけです。換気に関しては、朝起きたときにこれを行う家もあれば、夜寝る前に換気をする家もあります。夜に換気をすると、ぐっすり眠れるというメリットがあります。

余談ですが、ドイツには夜中窓を全開にして裸で寝る人もいます。もちろん暖かい羽根布団にくるまって。この気持ちよさを一度味わうと、もうやめられないのだとか。

ちなみに私自身は、裸では寝ませんが、日本の4月、5月などエアコンも暖房も必要のないこの1、2か月の時期がたまらなく好きです。ちょっと窓を開けて（日本なので網戸があります）昼寝するのですが……これが気持ちいいのです。毎年この季節を楽しみにしている私です。

●目的を決めずに、ふらーっと歩いてみませんか？

さて、「散歩」に話を戻すと……散歩をすると「新鮮な空気」を体内にたくさん取り込むことができます。外を歩いて、新鮮な空気を体内に取り込み、循環させ、自分も元気になっていく。「歩く」というのは、無理のない自然な動きであるため身体に大きな負担をかけることもありません。

たくさん歩くと血のめぐりも良くなるので、私は「それで免疫力を高めることができたらいいな」なんて期待もちょっぴりあります。なにせウイルスが怖いご時勢ですからね。

日本では「朝活」「ソー活」「涙活」などいろいろな「活動」が話題になっています。「何か目的を持って取り組むこと」が日本ではよいことだとされているので、それがこういった「活動」につながっているのだと思います。

でも特に目的を決めずにふらーっと歩く「お散歩」もおススメですよ。頭がスッキリします。

住居は「新鮮な空気」と「散歩して気持ちいいか」で決める

前のページに、ドイツ人の「散歩」について書きましたが、ドイツ人は日々の判断も無意識にではありますが「散歩」を基準に決めていたりします。例えばドイツ人は「お散歩」を連想させるようなものや環境を好みます。

かくいう私もそうです。例えば住む場所を決めるとき。その家の近辺を歩いてみて、「散歩して気持ちいいか」を考えます。そしてそれが、そこに住むか否かの判断基準なのです。

「近くにスーパーがあって便利。駅が近くて便利」という基準も大事ではあるのですが、あくまでも「歩いていて気持ちいいか」が大事。並木道など緑があると歩いていてやっぱり気持ちいいです。

「歩く」となると、空気もきれいなほうがいいので、首都高がすぐ近くを通っているとか、車がビュンビュン走る大きな道路が近くにある、というのはなんだか落ち着かないのです。日本に来て20年以上が経ちましたが、今までだいたい「23区内ではあるけれど、緑が多い低層住宅地」に住んできました。こういうエリアには犬を散歩させている人も多いので、「自分一人が散歩しているのではない」という安心感もあります（笑）。

お部屋の窓を開けたとき、「窓からの景色はどうか？」というのも大事なポイントです。東京、特に都心はやはりスペースが限られているので、「窓を開けたら緑がいっぱい」みたいな所を見つけるのはなかなか難しいかもしれません。でも窓からお隣さんの手入れされた庭が見えたりすると、その借景に感謝したくなります。

以前、何かの落語で、「二階にある焼き肉屋さんのにおいを嗅《か》ぎながら、自分の部屋では（おかずを食べた「つもり」になって）白いご飯を食べる」というのがありましたが、私の場合はその「風景」バージョンといったところでしょうか。

現在我が家の隣の庭には桜の木があるので、毎年春にはちょっと得した気分になります。

「窓を開けたら、向かい側は別のマンションの壁」というような環境に住むことは避けたいと思っています。言うまでもありませんが、低層住宅に住んでいる場合、向かい側や隣に高層ビルは建っていないほうが開放感があります。

●「家の外」の環境を気にしてみよう

人によっては「いったん自分の部屋に入ってしまえば、カーテンをずっと閉めたままでも平気。外の風景はあまり気にならない」という人もいます。それはそれで「いったん部屋に入れば自分の世界にこもれる」ということで、なんだかうらやましいです。でも「お散歩」が気になってしまう私としては、やっぱり「家の外」がどうしても気になるのです。

家にいるとき、昼間はカーテンを開けて太陽を部屋にたくさん取り込むのが好きです。このあたりは「一瞬でも長く太陽と一緒にいたい」ドイツ人そのものだなあと思います（※）。

窓を開けて、太陽が入ってくるか、新鮮な空気が入ってくるか。窓越しの緑に癒やされるか。……そんなことが判断基準となっている私は、日本に来て20年以上経っているとはいえ、根っこはやっぱりドイツ人なのかもしれません。

ドイツ人の生活の中にある「お散歩」と「新鮮な空気」。私の場合はこの二つが家を決めるときの判断基準になっているようです。

※ドイツは日照時間が特に冬は短いので、みんなその反動で太陽を求めます。夏も「日陰か」「日なたか」という選択肢がある場合、「炎天下の日なたの下」を選ぶドイツ人は多いのです。

歩きやすさで靴を選び、丁寧に手入れをする

さて、そんなお散歩好きなドイツ人ですから、やっぱり「靴」にはこだわります。単刀直入に言うとドイツ人は「歩きやすい」靴を大事にします。

ドイツ人に言わせると、ちょっと早足で歩いたり、ちょっと走ったら、転んでしまいそうな靴、体勢を崩してよろけてしまいそうな靴は「靴ではない」。よって、ヒールを履く女性は日本ほど見かけません。パンツスタイルにペタンコの革靴を履く女性をよく見かけます。

ドイツでは靴を買うとき、「自分の体型（スタイル）をよく見せる」などといった「見せる」要素も大事にされますが……やっぱり「歩きやすさ」が最優先されます。

ドイツの靴屋さんでは、店員さんも客も真剣です。何せ「毎日長い距離を歩くため

の靴」を入手する場であるわけですから。靴屋さんをのぞいてみると……店員さんに見守られながら、いろいろな靴を試し履きし、店内を歩き回っている人をよく見かけます。靴は「履くだけ」ではダメで、「歩いてみないこと」には、心地よさが分からないからです。当然「いかにその靴の履き心地がよいか」が靴購入の際の判断基準になります。そしてこれがお散歩ライフでの「心地よさ」につながるわけです。

●同じ靴は2日連続で履かない

先ほど、ドイツで「靴」を決めるとき「履き心地」が優先されると書きました。ピンヒールなどのいわゆる「女性らしい」靴を街中で履いている女性を見かけることは、ドイツではあまりないのですが、意外や意外、ドイツ人は「靴の手入れ」にはこだわります。

靴は基本的にしっかり手入れをします。そのお手入れ方法とは、まず、同じ靴を2日連続で履かないこと。靴を1日履いたら、夜に靴を脱いで、その靴を再度履くまでに少なくとも1日は空けます。そして脱いだ靴には、（運動靴の場合はしませんが）即Schuhspanner（英語でいうシューズキーパーのこと）を入れておきます。そうすることで、靴の「かた」が崩れませんし、革にシワが残ることを防げます。このSchuhspannerを入れた状態で、まずは靴から日中ついたほこりや汚れを乾いた布で拭き、その後靴の色に合った色（黒い靴なら黒）の靴クリームを靴につけ、優しく拭いていく。

そしてその靴を一晩おき、次の日の朝に革の光沢が出るスプレーを吹きかけ、乾くのを待ってから、乾いた布で磨けばもう完璧。スキンケアならぬ靴ケアですね（笑）。ちょっと手間がかかりますが、習慣にしてしまえば、いつでも気持ちのよい足元で過ごせます。

スプレーにはピカピカに磨き上げるということ以外に「防水作用」もありますから、このように手入れされた靴を履いていれば、日中突然雨が降っても焦ることはありません。履き心地のよい靴を履いていれば、歩くことが楽しくなりますから、結果的に運動不足の解消にもなります。

●すべてドイツと同じようにする必要はない

「靴」に関してドイツの状況を書きましたが、頭の片隅に入れておいたほうがよいのは、日本とドイツでは文化が違うので、全部「ドイツでやっている通り」に100%やる必要は全くないということです。

日本は「靴を脱ぐ文化」。自宅はもちろん、近所の歯医者さんに行っても、そして夜居酒屋さんに遊びに行っても、靴を脱ぐ場面は多いのです。そういう環境で「靴を大事にする」のは実はとても難しいのです。例えばドイツだと、朝出かけるときに靴を履いたらその後日中に「靴を脱ぐ」シチュエーションになることは、まずありません。

だから夜に家に帰ったときにその一日中履き続けた靴を脱ぎ、それからその靴にSchuhspanner（シューズキーパー）を入れたり、革のお手入れをしたり、という「お手入れ」時間となるわけです。

日本の場合は、前述のように日中に頻繁に靴を脱ぎます。外出先でシューズキーパーを持ち歩くのは無理がありますし、そのぶん日本の生活では靴が日中に型崩れしやすいのです。来日したばかりのドイツ人は、こういった状況にイライラすることもあるようです。でもしばらくして「日本ではそういうもの」だと受け止めると気が楽になるようです。

当たり前ですが、ドイツの生活習慣（日中はずっと靴を履いたまま）のほうが「良い」のかというと、そんなことはありません。ドイツと日本のどちらが良いという話ではなく、これは単なる文化の違いです。靴を脱ぐ文化圏の良いところもあれば、そうでない文化圏の良いところもあるわけです。

これは「靴」に限らないことですが、この本に書いているドイツ流の生き方について「すべてをドイツのようにしよう！」と考える必要はありません。私自身、文化が違うと取り入れるのが難しいライフスタイルがあることを実感しています。

この本に書いてあることは「ヒント」または「インスピレーション」としてとらえていただき、自分に必要なものや自分の癒やしになるものだけを取り入れてください。

季節によって「自分に合う運動」を見つけよう

日本でも最近ウオーキングが注目され、私が住む世田谷区の近所にある公園でも日々スポーツ用のウエアを着て早足でウオーキングしている人を見かけます。

ドイツでは「スポーツウエアを着てジョギングをしている人」はよく見かけますが、「スポーツウエアを着てウオーキングをしている人」は、実はあまり見かけません。ドイツの場合「散歩」が生活の中に組み込まれているので、あえて「歩くこと」イコール「運動」（＝スポーツウエアを着てやること）という意識がないのでしょう。

私自身もスポーツウエアを着てウオーキングはしていません。ふだんから出かけるときは履きやすい靴を履き、仕事帰りなど気が向いたときに、自分の家の方向に向かって歩く（長時間の散歩）のが好きです。町を歩きながら、「ここにこんなお店ができたんだな」などと発見があるのが楽しいです。

カバンは軽めにして（またはリュックサック）、履き心地のよい靴を履いていれば、「運動」だと意気込まなくても、いつでもどこでも歩けます。

「長く歩ける」というのが自慢の私ですが、都内での最高記録は、昔住んでいた目黒区の洗足から成城学園を経由して調布まで歩いたことです。でも帰りはさすがに疲れて電車に乗りました。またある年の正月、友達を品川の新幹線の改札まで送っていった後に、ふらーっと歩き出し、自宅近くの自由が丘まで歩いたこともあります。

体のために……とコロナ禍になる前はヨガ教室なんかも試してみたのですが、ちょっと周りの人が気になってしまいます。そういう意味で「歩くこと」は一人でできるので、マイペースな私に向いているのかもしれません。

でも今やヨガはドイツも含め世界的なブーム。コロナ禍になってからは家でオンラインヨガをやる人も増えました。どんな運動でも「自分に合うもの」を見つけ続けていくことで健康度がアップします。

●夏はプールで泳ぐ

私自身「身体を動かす」ことについて、最近自分なりのリズムが見えてきました。4月、5月、そして6月中旬ぐらいまではお散歩日和ですので、とにかく歩きます。そして、夏の到来とともに「プール開き」になると、外で泳ぎます。

プールが開いている7月~9月のあいだ、私はお日様に当たりながら泳ぐのが好き。だから日中に仕事がないときは泳いでいます。昼間が仕事の場合は日が暮れてからの「夜プール」。港区、目黒区や世田谷区の屋外プールを制覇している私です。

秋に屋外プールが閉まってしまうと、私にとっては散歩の季節が再びスタートするというわけです。秋の散歩は気持ちがいいです。ちなみに冬の期間は寒くても着込んで散歩します。

とても残念なことに私は花粉症持ちなので、2月や3月になると薬を飲まないと散歩できないのがここ数年の悩みです。薬を飲んでいないときは、あまり外に出ないほうがいいので、私は毎年2月や3月になると室内の活動（ジムでエアロビやヨガを受講）が増えます。でも花粉症の季節が終わると、またそれらの受講はやめ、外へと出て、「ひたすら歩く」生活に戻るのでした。

「その他の運動は……？」と聞かれそうですが……。しつこいようですが「歩くこと」のメリットは、仕事の帰りとか、友達と会った帰りだとかに気軽にできることです。

「歩くこと」はドイツの人の生活に組み込まれているので、全体的にドイツでは「足腰が丈夫な人」が多い印象。前に書いた「新鮮な空気」そして、いつでも長期間歩くことのできる「ヒールのない靴」。……これがドイツ流健康法といえば健康法なのかもしれません。

BIRKENSTOCKは歩きやすい

冒頭に断っておくと、私はビルケンシュトックの回し者ではありません（笑）。実は私には、長いことBIRKENSTOCKとは距離を置いてきた過去があります。

私がドイツに住んでいたころ、「ビルケンシュトックのサンダルを履いた人」にはある種のイメージがありました。そのイメージとは、「40歳でまだ延々と大学生を続けていて専攻は哲学や精神学、見た目はジョン・レノン風で足元はビルケンシュトックのヒッピー」というイメージです。少し前までのドイツでは良く言えば「自然派」、悪く言えば「労働や納税をせずグータラ」なイメージがつきまとったものでした。

昔はビルケンシュトックのデザインが確かに限定されていたのですが、最近のビルケンシュトックのデザインは本当に豊富です。水玉模様だったり、ショッキングピンクだったりと女子が好きそうな色合いのサンダルがだいぶ増えました。

私もここ数年はビルケンシュトックのサンダルの愛用者です。サンダルなのに、とにかく歩きやすいのです。グレー、紺色に白の水玉、ピンクに白と私のビルケンシュトックのコレクションも増えました。

私のこだわりは「ビルケンシュトックを履くときは必ずペディキュアをすること」です。ビルケンシュトックの色に合わせて、いろいろな色のペディキュアを塗ることは夏ならではの楽しみです。

Chapter 2

お金を
かけない

洋服交換会で、お金をかけずに楽しむ

ドイツに住むと感じること。そして日本国内でもドイツ人と交流すると感じること。それはドイツ人との交流は、日本人との交流に比べて、お金がかからない、ということです。

例えば、先日、東京に住むドイツ人女性数名で集まり、Kleidertausch（洋服交換会）を行いました。

「交換会」の名前の通り、自分が着なくなった洋服を持っていくと同時に、友達が持ってきた「着なくなったもの」をもらっていく、という会ですが、この会、一石二鳥どころか、いろいろな「楽しいこと」が詰まった会となりました。

たぶん女性はどこの国でも、そう日本でもドイツでも、服を持ち過ぎている傾向があるように思います。以前『フランス人は10着しか服を持たない』（大和書房）という本が流行ったときに、フランス人に聞いたら「服を10着しか持たないフランス人はほとんどいない」とのことでしたもの。スッキリした暮らしをしたいのなら、洋服交換会はおススメ。

この「洋服交換会」は日曜日に開催されたのですが、前日の土曜日は私にとって「モノを思いっきり捨てる日」となりました。実は数週間前から、私の手帳には大きく「土曜日：片付け決行@家！」と書き込まれていたのでした。土曜日は朝から洋服ダンスの昔の服を全部取り出し試着しました。新品同様なのに似合わなくなっていたり、入らなくなっていたりした服は即洗濯機へ。やはり長いあいだ置いておいたものは独特のにおいがついてしまいますから。

土曜日は、そんなことを幾度となく繰り返し、三回も洗濯機を回しました。そして、翌日の日曜日は、それらの服を大きなカバン（夏にビーチに持っていくような大きいカバン）に詰め、「洋服交換会」へと向かったのでした。「たくさんの服を詰めた」と自信たっぷりに現場に到着すると、そこには上がいて、スーツケースをゴロゴロ引きながら現れたドイツ人女性もいました。スーツケースだと、大量の服も運びやすそうです。

それにしても、私だけではなく、他の人もたくさん服を家に置いていたんだなあ、とちょっと安心しました。

何よりも良かったのは、ドイツ人同士ということで、私と体型が似ている人もいたことです。家をスッキリさせるために私がその会に置いていった服の数のほうが多かったものの（そうでないと更にモノは増えてしまうので、これは大事）、試着した上で友達の服も3枚ぐらいもらえたのです。その3枚は、本当に私の身体にピタッと合う服で、そのうちの1枚のカーディガンはさっそく次の日、仕事に着ていきました。

「交換会」と書きましたが、これは「1枚の服につき、1枚の服を交換」といったキッチリしたものではなく、多くもらっても、少なくもらっても大丈夫です。友達同士だとこういうところが融通が利いて楽です。

ここに書いた洋服交換会は日独協会の会場を借りてやりましたが、催しができるちょっとしたレンタルスペース、または個人の自宅でももちろんできるので、おススメです。そして、洋服交換会を開催するなら、自分と背丈や体型が似ている人に声をかけることが最も重要なポイントかもしれません（笑）。

私たちドイツ人女性は、身長の高さや体型の関係で、日本では決まった店でしか服が（サイズ的に）買えない、という悩みを抱えている人もいます。こういう会は精神的にも本当にありがたかったです。

●洋服を見ながらのおしゃべりで盛り上がる

いろいろな人のお洋服を見ながら、おしゃべりできる時間が何よりも楽しいです。「私この服、気に入っていたのに、子供を産んでから入らなくなっちゃったのよ～」とぶっちゃける女性がいたり、お互いに試着をして「似合ってる！」と盛り上がったり。なんとも楽しい時間が流れた日曜午後でした。

こういう形での気取っていない「社交」もいいなあ、と改めて思ったものです。今回は「服」だけでしたが、次回はベルトや靴なども交換できたらいいな、などとみんなで話しました。友達同士だと、気のせいか、どことなくセンスや服の趣味なども似ていたりして、「これが欲しい！」と思える服に出会える確率がお店よりも高い気がします。

モノを減らすことができる、友達との交流が楽しめる、自分に合う服もゲットできる、さらにお金がかからない！となると、一石二鳥どころか「一石四鳥」かもしれません。

実際に、今回の洋服交換会、生じた費用はゼロ円。非常にドイツ人らしい「合理的でお財布に優しいイベント」でした。

洋服交換会について、すぐに「やろう！」と実現にいたったのは、ドイツ人は「中古やセカンドハンド」というものに基本オープンだということも関係しているかもしれません。そういえば私もドイツで育ったせいか、人の着ていた服を着ることに抵抗がありません。

●「友達との交流」＝「一緒に食事」ではないドイツ

さて、冒頭に「ドイツ人との交流は、日本人との交流に比べて、お金がかからない」と書きました。例えば夜、友達と外で会うことになったとき。日本人だったら、一緒に食事でもしながらいろいろ話すのが普通かと思います。ドイツの場合は、最近のベジタリアン・ヴィーガンブームもあり、各自食事の好みやスタイルが違います。

だから「食事は各自済ませてから、カフェやバーなどで会い飲み物だけを注文して、お店の雰囲気を楽しむ」というスタイルに落ち着くことが多いです。ただ夜開いているカフェやバーはそれなりの音量の音楽がかかっていることも多いので、おしゃべりをじっくり楽しみたいときはお家に招くことも。

日本の感覚だと「家に呼ぶ場合、手の込んだ食事を用意しなければいけない」と思いがちですが、ドイツの場合はそんな必要はありません。カルテス・エッセン（パンやチーズ、ハムなど、温めずに常温でいただけるもの）があればもう十分です。食事こそ日本のような「手の込んだ手作り」にあまり力を入れないドイツ人ですが、何げなく家の中に手作りの家具があったりと暮らしにはこだわります。

先日ドイツで友達の家に遊びに行ったとき、キッチンに木製の大きな箱があったのですが、聞いたらオートミール等をストックするためにご主人が手作りした箱とのことでした。フタがついていて、周りの家具の色にも合っていて素敵でした。オートミールや干しぶどうなど長持ちするものは日本でいう業務スーパーのようなところで大量買いして、この箱にストックしておくのだそうです。

ところで日本では友達同士でお酒を飲むとき、「食事」とセットでと考えるのが主流です。夜、友達と待ち合わせをして、食事をしないまま、いきなりバーへと流れるのはまれでしょう。でもドイツだとよくあることです。

最近は「ソバーキュリアス」という「お酒を飲まない人」も増えていますが、そんな中で「お酒の入っていないカクテル」を提供するバーが流行っています。お酒が出てきそうな雰囲気のバーで、いかにもお酒が入っていそうなカクテルを飲みます。でも実際にはお酒が入っていませんから、飲み過ぎることもなく、翌日も二日酔いに悩まされることはありません。

ドイツには日本ほど「気軽な感じで入れるレストラン」が多くないこともあり、「外食をすること」はドイツ人にとってちょっぴりハードルが高かったりします。ハイキングなどに出かけるときは、外で食事やビールが楽しめるビアガーデンに立ち寄ることはありますが、基本的には家から各自サンドイッチなどを持参します。日本では、山に登った後、ふもとの居酒屋で盛り上がっている人をよく見かけますが、これも日本ならではの光景かもしれません。

このように、ドイツ人は友達と会うとき必ずしも「食事を」とはならないので、友達との交流にあまりお金がかからないわけです。日本のある悩み相談のサイトを見ていたら、「失業してからすっかり友達との交流が減りました」という内容のことが書かれていました。金銭的な余裕がないので、どうしても友達と会うことをためらってしまうとのことでしたが、とても日本的な悩みだと思いました。

私自身は日本に住んで長いこともあり、友達と会うときは気になるお店でランチをしたり、夜だったら居酒屋でワイワイしたりするのが好きです。でも「食事のない付き合い」例えば一緒に延々と歩いたり、お茶だけする場合も「物足りなさ」は感じません。そこに友達がいて、一緒にお話ができればそれで幸せです。

日本の睡眠事情VSドイツの睡眠事情

寝る行為はどこでも同じ、国は関係ない！　そう思っていませんか？

確かに人間は寝ないと生きられないので、そういう意味では同じです。でも睡眠に関する姿勢や考え方は日本とドイツではだいぶ違います。

●睡眠グッズにお金をかける日本人

日本人はいろいろな面において「グッズ」好きですが、「睡眠」に関してもまたグッズ好きな印象です。「眠れないときには、こんなグッズがおススメ！」という情報もテレビや雑誌でよく見かけますし、ＬＯＦＴなどのお店では睡眠グッズや快適な睡眠のためのコーナーが設けられていたりします。グッズの豊富さに感心しきりな私ですが、ドイツ人は睡眠に対してもっとシンプルです。

確かに睡眠を誘うラベンダーの香りなどはドイツでも人気（ラベンダーの香りのバスソールトなど）ですが、ドイツ人が「良い睡眠」のために必要だとしているもの。それもまた「新鮮な空気」なのでした（笑）。

寝室を窓全開にして新鮮な空気を取り入れ、新鮮な空気を吸いながら横になれば、質の良い睡眠が期待できるというわけです。

日本人が睡眠などいろいろなことにおいて「グッズ」に頼るのは、「遊び心」からきているのだと思います。そのグッズが本当に睡眠に役立つというのもあるとは思うのだけれど、「うわ！　新しいものができた、かわいい、面白い！　使ってみよう！」となるのが日本。

ドイツの場合はもっと原始的というか、人の作った人工的なものに頼るというよりは、昔からの方法でうまくやろう！　というスタンスの人が多いです。

ところでドイツでは、睡眠が日本以上に重要視されています。

日本でも最近は睡眠が重要視されるようになりましたが、ちょっと前までは「睡眠不足は気合いで乗り越える」というような考え方があったように思います。例えばスポーツの朝練が異様に早い時間にスタートしたり、「寝不足でも早起きする」みたいな考えが美徳とされていたり。

●夜8時が区切りの時間

ドイツは社会全体が「早起き」です。州によっても違いますが、学校が朝7時台や8時に始まりますし、始業時間も平均して日本よりも早めです。睡眠を十分にとることが大事だと考えられているため、夜休む時間も早いのです。

保守的な家だと夜8時以降は仕事の電話も含めて一切電話禁止、というところもあります。ドイツに行く人は夜8時を過ぎて人に電話するのはやめたほうがいいかもしれません。「8時」が眠りへの準備というか、夜の眠りへのリズムにおける一つの区切りの時間となっているためです。

睡眠は「7時間」または「8時間」が理想だとされているのは日本もドイツも同じですが、違いはドイツ人のほうがこれを実践していること。いわゆるNachtruhe（夜の安息。「夜中の騒音禁止」という意味でもよく使われる）という言葉もありますし、ドイツでは「人間は夜は寝るもの」という意識が日本よりも強いです。仕事で徹夜なんてもってのほかです。

ドイツでは子育ての面でも「睡眠」が重要視されています。子供の「食」よりも「睡眠」が重要視されているといってもいいぐらいです。例えば子供が学校などで「昨日は9時にこの番組をテレビで見たの」と言えば、「え?!　8時に寝なきゃいけないのに……?」と先生がビックリします。

ドイツでは小学生は8時に寝るのが「常識」なのです。「寝る子は育つ」といいますが、なるほど、確かにドイツにはよく育っている人が多いかもしれません。

●人前で寝てはいけない

日本の場合、昼間疲れても電車など人前で寝ることもアリです。たとえ外出していても「昼間に寝る」という抜け道が残されているわけです。でもこの「人前で寝ること」はドイツでは市民権を得ていません。人前で寝ると治安上の問題があります。でももっと大きな理由は、「寝るのは一緒にいる人に対して失礼」だと考えられていることです。

ドイツの大学教授は学生が寝ていると「自分の話に興味がないんだ」と解釈し「失礼だ」と激怒することも。学校での生徒の居眠り（ドイツにはあまりありませんが）に関しても先生が激怒する可能性が高いです。つまりドイツでは「人前で寝る」のは人間としてナシなのです。

そういった事情もあり、やはり夜の睡眠が大事になってくるわけですが、多少の違いはあれど、大人に関してはだいたい11時までには寝て朝6時から7時のあいだに起きるというのが一般的なスタイルのようです。

昼間に仕事も遊びも思いっきり活動すれば、それは良い眠りにつながります。日中にスポーツができれば理想的。日本では夜お風呂に入ってリラックスする人が多いと思いますが、それでも眠れない場合は、アロマなどの香りに頼るのもいいかもしれません。あ、「新鮮な空気」も忘れないでくださいね。

化粧はせず、香りにこだわる

日本では女性誌などで「女性の1か月の化粧品代」が取り上げられることがあります。人によって金額はまちまちですが、「1か月に一定の化粧品代がかかる」と考えられているようです。

ドイツの女性はそもそもあまり化粧をしません。化粧をしない状態イコール普通の状態なので、ドイツ語には「すっぴん」という言葉もないぐらいです。化粧品はパウダーやマスカラ、リップスティックなどを一つずつ持っているぐらいで、使う頻度も少ないため、頻繁に買い替える必要もありません。

「1か月の化粧品代がゼロ」の女性も少なくありません。ではスキンケアにお金を使うのかというと、これまたスキンケアは「ニベアで十分」と考える女性も多いのです。

もちろんドイツにもお化粧が好きな女性はいます。でも社会の共通認識として「化粧がマナー」ということはありません。だからドイツの女性にとって化粧は日本みたいに「女子にとって必須」のものではないのです。

面白いのは、ドイツの「身だしなみ」は男女同じものが多いということです。ここにも男女平等の姿勢が表れているのかもしれません。そしてその「身だしなみ」はある意味「昔からのドイツの価値観に基づいたもの」が中心です。「歯並びがよいこと」（※）、「アイロンがけされた服」そして「磨かれた靴」です。身だしなみは男も女も同じなのです。

※ドイツもそうですが、欧米の社会では昔から「歯並び」が大事にされています。だから昔も今も歯の矯正をする子供が多いです。最近、日本でも歯の矯正をする人が多くなりましたね。どの国にも独特の美意識や価値観がありますが、ドイツの人は総じて歯並びにうるさい人が多いです。

日本で「ドイツの女性が化粧をあまりしない」と話すと、なんだかものすごくオシャレじゃないみたいなとらえられ方をされることがありますが、決して「かまわない」

わけではないのです。実は、日本人女子が「化粧」にこだわっているのと同じぐらいドイツ人女子は「香り」にこだわります。

ドイツの女性は、恋人とのデートならこの香水、毎日のオフィスにはこの香水、休暇先ではこの香水、などとにかくいろいろな種類の香水を持っている人が多いのです。

逆に一種類しか香水を持っていない場合は、それだけその香りに対するこだわりが強いということ。選びに選び抜いてたどり着いた香りだということです。「長年いろいろ試したけど、最終的にはこの香りにたどりついた」というような。

●香水をつけないと出かけられない

私自身、香水を愛用していますが、朝うっかり香水をつけるのを忘れて出かけてしまった日は、それこそ裸でお出かけしたような、何かが決定的に足りない気持ちになってしまいます。それこそ「すっぴん」で出かけているような感じでしょうか。

ドイツでは女性の部屋に行くと、「香水コレクション」があります。「好きな香りを叔母がくれたの」と語る女性がいるように、あらかじめ周囲に好きな香りを伝えておいて、誕生日やクリスマスのプレゼントとしてもらったり、家族や恋人が出張などに出掛けた際に空港の免税店で香水を買ってきてもらったり。もちろん自分でも買うのでどんどんコレクションが増えます。

さて、そんな香水の「つけ方」ですが、ヨーロッパでは香水は基本的に「肌に直接」つけます。だいたい手首の動脈のところ（ここが香りが広がりやすい箇所なのです）にシュッと香水を振りかけて、ちょっと手首と手首をこすります。耳の裏やひざの裏側、くるぶしにつける人も。強い香りの場合は、つける頻度に気をつけないと、しつこい香りになってしまいますが、軽めの香りだったら、身体のいろいろなところにつけてオッケーです。

部屋の中に多めに香水をシュッとして、その中をスーッと（体で）通り抜ける、というやり方もあります。これは、シュッとやった後、早く通らなきゃ……と焦ってなかなか楽しいです（笑）。……私自身はどちらかというと、「パーツ派」（前述のように、耳の後ろや、手首の動脈のところにつける）なのですが、そこはお好みで。

●香水は「時間が経ってから」が大事

ところで、日本とドイツではデパートでの「香水」の売られ方が違います。日本のデパートの場合、各香水の前に小さな瓶が置いてあることが多く、その瓶の中に、その香水の香りがしみ込んだコットンが入っています。香水の国ドイツからやってきた私としては、これはちょっぴり不満。というのは、瓶やコットンの香りだけだと、「その香りが好きかどうか」は判断できないのです。あくまでも自分の体に直接つけて、どんな香りかを確かめたいと思ってしまいます。

ドイツの香水売り場では、テスターの香水がまるまる一本置いてあります。私はそれを自分の手首の動脈のところにつけ、しばらく2時間ぐらい他の店でショッピングをしながら、その香りがどう変化するかチェックしてから2時間後にその香水を買いに来る、という買い方が好きです。香りもその人に合う・合わないがあるので、やっぱりこだわってしまいます。

ドイツのデパートの香水売り場には、細長い少し分厚めのムエットが置いてあります。これにシュシュッと香水を振りかけて、自分の顔の前でパタパタさせて、香りをチェックします。ちなみにムエットを店で捨てたり返却したりする必要はなく、紙は持ち帰ってオッケーなので、ムエットをカバンなどに入れ、これまた他のお店でショッピングし、レジでカバンを開けたときなどに中から漂ってくる香りが「アリ」だったら、後でその店に戻って香水を買います。日本のお店の売り方だと「その場の香りで」決めなければいけないのがちょっと残念。

そうはいっても、日本でも香水を結構買っています。ドンキホーテで買ったり、自由が丘などの小さめのお店で買うこともあります。夏に好きなのは、ダビドフの「クールウォーターウーマン」です。しつこくなくて、本当に夏にぴったりの香りです。

春は、資生堂の「尾道」やディオールの「ジャドール」が好きです。ちなみに香水は、**【季節に合うもの】**というのもポイントですが、ヨーロッパと日本では気候や特に夏は空気の**【湿度】**も違うので、そのあたりは好みも交えて**【微調整】**するのがポイント。

香水に限らないことですが、国や文化に応じて「置き換える」って大事です。何かをそのまま持ってくるのではなく、その国に合うものをチョイスしたり微調整したり。

生き方上手になるためには、余裕をもって柔軟でいることが一番大事かもしれません。これは自分自身も気を付けないといけないのですが、思い込みが強すぎたり、型にはめすぎると疲れてしまうので、ナチュラルでリラックスした生活をおくるにはいろいろなことを「置き換えてみる」ことが大事です。

香水の選び方のポイント

香水は「時間が経ってから」が大事。時間が経って何回もその香りを嗅いでも好きな香りであるか。時間とともに香りがどう変化していくか。そんなことも楽しみながら「これ！」というものを見つけるのが楽しいです。

ドイツの結婚式のエピソード

ドイツの結婚式をご紹介したいと思います。結婚式の最中にBrautentführung（※「花嫁さんの誘拐」）が行われるような昔からの伝統的な結婚式もありますが、最近の結婚式で素敵だと思ったのは、式中のこんな「ゲーム」。日本でいう結婚式の余興のようなものです。

花婿さんと花嫁さんが壁に背を向けて、お客さんのほうを向いて座ります。花婿さんと花嫁さんの後ろの壁には、お客さん向けに「その日、結婚式に招待されているお客さんの特徴」が映し出されます。招待客の中でその特徴に当てはまる人は立ち上がらなければならない、というもの。

例えば「新婦側の親戚で、眼鏡をかけている人！」と壁に映し出されたら、新婦側の親戚で眼鏡をかけている人は皆、一度立たなければいけない。

そして、新郎新婦は「今自分たちの前で立っている人たちに、どんな共通点があるのか」を当てなければいけないクイズなのです。

「特徴」の例はいろいろあり、こんな感じです。

・新婦側の親戚で、女性の方は全員立ち上がってください！
・新郎新婦と「いとこ」関係にある人は、全員立ってください。
・新郎の大学の同級生だった人は全員立ってください。
・新婦と一緒に夜通し「オール」をして夜遊びをしたことのある人は、全員立ってください。
・新婦さんと同じ学校に通っていた人は全員立ってください。
・新婦さんと同じ誕生日の人は立ってください！（これに関しては、もちろんゲームを企画した人が、事前に「同じ誕生日の人がいるか」を調べる。）
・新郎と同じ釣り仲間の人は全員立つこと！

などなど。新郎新婦の趣味仲間が登場したり、招待されているお客さん同士でも意外な接点があらわになったりと、楽しいです。「全員が眼鏡をかけている」という分かりやすいものもあれば、「よーく考えないと分からない」ものもあります。新郎新婦が一緒に考えたり、客にヒントやアドバイスを求めたりと、かなり盛り上がります。ポイントは日本の結婚式の余興もそうですが、余興を企画した人の「情報の下調べ」ですね。

●時間もお金もかけずに皆で楽しむ

日本の結婚式は楽しいのだけれど、お金がかかりますね。そして新郎新婦本人たちの結婚式の準備が大変なのはもちろん、余興を行う友達も結構大変。前に同じハーフの友達と「日本の人は、『文化祭的なノリ』が大人になっても好きだよね」と話して、「そうそう」と盛り上がったことがあります。日本の人は結婚式もそうですが、その他のイベントに関しても文化祭のように、「たくさん時間を使って事前に準備をして、友達で連帯して当日盛り上がる」というのが好きなよう。

対してドイツの余興は、新郎新婦や彼らの交友関係などのリサーチが多少は必要なものの、あまり時間もお金もかからず皆で盛り上がるタイプのものです。こんなところにも両国の文化の違いが出ているのでした。

※Brautentführung「花嫁の誘拐」。これは南ドイツの昔からの伝統で、結婚式の最中、花婿さんがよそ見をしている隙に何人かの仲間が花嫁さんを連れ去ってしまうイベント。だいたいは、その結婚式の主役のカップル（新郎新婦）がふだんからよく行っているレストランに、友人たちが花嫁を連れて行き、そこでアルコール類を飲んで（花婿が慌てて探しに来るのを）待っている、という昔からのイベントです。花婿が、村中を探し回り、ようやく誘拐された花嫁をレストランで見つけると、大盛り上がり。花嫁とその友達が飲み食いした分を、花婿が支払わなければいけないことになっています。昔からの伝統儀式の背景には、夫婦の絆がより深くなるように！　などの諸説があります。

Chapter 3

気楽に生きる

「結婚できる」「結婚できない」の違和感

今独身の人の中には、結婚生活を夢見ている人、どうしても結婚したいというわけではないものの、経験として一度は結婚してみたい人、結婚する気はゼロの人、とりあえず流れに任せている人……など様々です。既婚者に関しても、結婚して良かった、この人と結婚して良かった、と考える人、こんなに大変ならば独身のほうが良かった、または、違う人と結婚していればなあ、と考える人、本当に様々……。

ドイツと違うところと言えば、日本のほうが結婚というものについて、なんとなく「しなくてはならない」という雰囲気が社会にあることでしょうか。時代は令和ですから、ふた昔前の昭和の時代のように、上司が出てきて、自分の部下に「この子（女の子）どうだい？」なんて言うことはなくなってきています。お見合いも少なくなりました。娘のいる親でも「結婚は娘の好きなように」と子供に任せている人が多いで

す。でもそうはいっても、心のどこかに「娘が好きな人と出会って幸せになってくれればいいな」つまりは結婚してくれればいいな、という望みを抱いている親が多いのもまた確かです。

日本では「幸せになる」という言葉がイコール「結婚をする」という文脈で使われることが多いです。だから「幸せになりたい！」と前向きに考える女子であればあるほど婚活をし、結婚というものに使うエネルギーが大きいです。

●「結婚」って「能力」ですか？

そんな中で気になること。それは「結婚できる」という言い回しです。

当事者が「このままで……私、結婚できるのでしょうか？」という言い方をすることもあれば、インターネットの悩み相談の掲示板に「性格の悪い誰々さんという女性が結婚できたのに、なぜ私は結婚できないのでしょうか。」と書かれていたり。この「結婚できる」「結婚できない」というフレーズはよく目にするのです。インターネットはもちろん、ふだんの女子同士の会話でもよく「結婚できる」またはその逆の「結婚できない」という言い回しを耳にします。

でも「結婚しない」という言い方はまだしも「結婚できない」という言い方は、ニュアンスとしてちょっと気になります。

「何々ができる」とか「何々ができない」という言い方は、何か能力に長《た》けていたり、能力が欠如したりしている際に使われがちな言葉だけに、なんだか引っかかるのです。

数学ができる、数学ができない、英語ができる、英語ができない、逆上がりができる、逆上がりができない……というような「能力」をジャッジするときに使われる言葉だからです。

「結婚」って「能力」なのでしょうか？

もしも結婚することがその人の「能力」なのであれば、独身で一人で生きていくことも同様に一つの「能力」だと思います。

例えば独身で一人暮らしをしていると、同居人がいるよりも生活費が割高になりま

すし、親からお金の援助を受けていない限り、金銭的なことも全て本人に責任があるわけです。お金の面だけを見れば、「独身の一人暮らし」のほうが「結婚している人」よりも能力が高いという見方ができるのではないでしょうか。

「結婚できる」「結婚できない」はもしかしたら、私が上に書いたような「具体的な能力」を指すものではないのかもしれません。結婚している人が「なんとなく」一人前と見なされ、結婚しているほうが「なんとなく」親も安心する。論理云々ではなく、これは空気の問題です。

●聞き逃してストレスをためない

　でもそういった雰囲気に染まるも染まらないも自分次第。無言のプレッシャーのようなものにとらわれ過ぎると、知らないあいだに自分の中でストレスがたまってしまいます。

　ここは、自分に対してははっきりと「私は自分流で行きます!」と宣言しましょう。声に出して言うのもよし、日記に自分用の記録として残すのもよし。

「あの人は結婚できないよね」「あの人は普通に結婚できそうだよね」という会話が聞こえてきたら、聞き逃してしまうのが一番。

ドイツの言い回しに“Etwas geht zum einen Ohr rein, und zum anderen Ohr wieder raus.”（和訳「片方の耳から入ったものは、もう片方の耳から出ていく」）という言い回しがあります。要は片方の耳から入ってきた雑音は、自分の中でためずに、もう片方の耳から出してしまえばいいのです。いい意味で「聞き逃しができる」女性になりたいものです。

独身の人は結婚している人を前にしたとき、何か自分が劣っていると思う必要は全くないですし、既婚者も独身の人に会ったとき「私のほうが上」とやってしまわないように気を付けたいものです。女子同士の「マウンティング」には「結婚」が使われることが多いことを自覚しておきましょう。

ちなみに、「A子は普通に結婚できそう」という文章も、「B子って、結婚できないよね」という文章も、そのニュアンスが正確に伝わる形でドイツ語に訳すのは難しいのです。それは「結婚することは何よりも価値のあること」と考えるドイツ人があまりいないからです。

結婚たるものは、するのもあり、しないのもあり。イチイチ能力と結び付ける考え方をしないほうが人生は楽しめます。

これは女性だけではなく男性もしかりです。

メディアが取り上げる「結婚できない男性」はコミュニケーション能力がなかったり、収入が不安定だったりなどといったテーマと結び付けられがちなため、結婚できない男性イコール能力が伴わない人（逆に結婚できる男性はこれらのことをクリアしている男性）ととらえられることが少なくありません。でもこれも残念な現象です。

結婚をしている人がそんなに素晴らしくて人格者なのなら、世の中に既婚の犯罪者などいないはずです。

それにしても、繰り返しになりますが、日本ではヨーロッパ（主に北ヨーロッパ）と比べると「結婚」にこだわるなあ……と思います。先の男性の例を挙げれば、収入が不安定ならば、それを何とかしたいというのは自然ですし、コミュニケーション能力がないことに悩んでいるのなら、それを何とかしたい、というのも自然な流れなのかもしれません。ただし、それらのことを「結婚できるために、直したい」（または親側が、直させたい）というのはなんだかなあ……と思うのでした。

自分に合った生き方……それを考えた上での選択なのであれば、結婚があっても、なくてもどちらでもよいのではないでしょうか。

●ドライで自由なドイツの「親」たち

「そろそろ孫の顔が見たい」……このような親がドイツでは少ないのも、プレッシャーが少ない理由かもしれません。ドイツの親世代は、自分たちの趣味や恋愛を楽しんでいるので「自分の子供が子供を産むか」にはあまり興味がありません。

「あなたが子供を産まないと、○○家は途絶える」このような考えをする人は今の日本では少なくなってきている……と思いたいところですが、潜在的に「家」の呪縛はあるようなのです。

でも結婚をしたら、結婚生活をおくるのは自分。そして当たり前ですが、子供を産んだら、子育てをするのも自分。なので「結婚をするかしないか」「子供を産むか産まないか」については、最後まで自分の意思を優先し、親や親族の言うことは聞き逃しておいたほうがよいかもしれません。

ストレスから解放されて自由に生きるには、自分を縛りそうな数々の呪縛に対してきっぱり「ノー」を心の中に持つことが大事。そんなことが癒やしある生活の第一歩です。

私たちは日々様々な「雑音」に取り囲まれています。仕事でのプレッシャーは多かれ少なかれ誰にでもあるので、プライベートでのプレッシャーは少なければ少ないほど良い。人生においてプレッシャーが少なければ少ないほど、ストレスのない自由な生活ができます。そんなことを自覚して自分の心も身体も大切にしてみませんか？

年齢に縛られず自由になるには？

楽（ラク）な生き方というと、「悪い意味で、頑張らない人」というふうにとらえられてしまうことがあります。今から書くことは「何に関しても手を抜く」という話ではなく、手を抜けるところは上手に手を抜いて、気持ちに余裕のある生き方を目指そうというお話です。

私たちは毎日、仕事や自分の家族のことなど、身の回りのことに集中して生きています。そんな中で視野が狭くなってしまうことがあります。私自身も気が付いたら、自分の半径50メートルぐらいのモノや人にしか興味を示さない毎日になってしまっていた……なんていう経験が何か月かに一度あるのです。

私の場合は「仕事関係の人としか会わない」というように「特定の人たち」としか

会わない日が続くと、自分の視野が狭くなってきているな、と感じます。子供がいる女性の場合は、例えばママ友を中心に人間関係を築いていたら、いつの間にかそのグループの価値観に自分も染まってしまうこともあります。

今の生活の中で窮屈だと思える状況になったら、自分自身で次のことを意識することで、気はグンと楽になります。

それは、今自分の周りに起きていることは、世界の、いえ日本の【あくまでも一部】だということを意識することです。

●その違いは世界レベルでは些《さ》細《さい》なこと

日本では、【就職活動】一つをとっても、全員が同じ年齢で（大学2年生のある時期に）就職活動をする、というように「人と同じタイミングで同じことをする」というシステムが出来上がってしまっているため、少しでも、時期がずれたり、人と違ったりすると疎外感を抱きやすい人が多いようです。こういったことを【世界レベルでは些細なこと】と意識することでだいぶ楽になります。

日本では、【年齢】にまつわる実際の縛りもあります。小学校入学に関しては、4月1日までに6歳になった子供が小学校に入学します。4月2日に生まれた子供は来年の入学になります。

日本の小学校やその後続く中学校や高校で、ドイツのような落第はまれですから、6年生を二回やった、とか中学2年生を二回やった、という人も少なく、高校卒業時には（ほぼ）全員が18歳、そして大学に上がるときも（ほぼ）全員が18歳。就職活動を始める時期も年齢もみんなほぼ一緒で、（大卒の）「新入社員」も全員22歳か23歳です。日本で教育を受けると、「何歳で○○」という「枠」に当てはめようとする考えになりがちです。

唐突ですが、日本で不妊治療をしたり、子供ができないことを真剣に悩む女性の多さに驚いています。ドイツにももちろん子供ができないことを悩んだり、不妊治療をしている人はいます。でも、日本の深刻度は凄いのです。日本の場合、不妊治療は非常にセンシティブなテーマであり、例えば複数の女性で集まったときに、誰かに子供

がいて、その一方で誰かに子供がいなかったりすると、会話の内容によってはなかなかシビアなムードになることも。

その背景には、日本人がドイツを含む欧米人よりも「血のつながりを重視する」（日本で養子は欧米よりも少ない）という点、「日本では『家』を大事にする」（両親から「孫はまだ？」と催促があったりする）という点など様々な理由がありますが、一つの大きな理由は、やはり日本になんとなく根付いている「何歳になったら、〇〇をしなければいけない」という潜在的な価値観が関係していると思うのです。

「35歳になったら、二人ぐらい子供がいるのが当然」と思いながら今まで生活してきたならば、35歳になって子供がいなければ、悩む場合もあるでしょう。ドイツ人の場合は、「何歳で〇〇」という考え方をあまりしないので、よほど子供好きの人でなければ、35歳で子供がいなくても、日本のように深刻に悩むことはないわけです（もちろん人によりますし個人差があります）。

そのような流れから、「〇歳になったら、孫がいるはず」という考えもドイツには

あまりないため、子供に「早く子供を」と迫る親はあまりいません。

●ドイツ人は「何歳だから」という考え方とは無縁

ドイツの場合は、小学校に6歳で入学する子もいれば、親や先生が「この子はまだ遊び足りていない」と判断すれば7歳で小学校に入る子もいます。小学校やその後のギムナジウムなどでは「落第」もあるので、卒業時の生徒の年齢もバラバラです。ギムナジウム卒業のときに、18歳の子もいれば、19歳の子もいて、20歳の子もいれば、21歳の子もいます。

例えば7歳で小学校に入り、その後三回落第して卒業すれば（条件を満たせば合計で三回まで落第できるのです）、一番若い子よりも4歳も年上ということになります。当然18歳と22歳では雰囲気や見た目も少し違いますが、そこに言及するドイツ人には会ったことがありません。

このようにギムナジウムの卒業時の生徒の年齢はバラバラですし、その後すぐに大学に入る人もいれば、大学に入る前に1年間世界を放浪する人がいたり、1年間福祉施設でボランティアをしたりと、「何歳だから○○」という考え方とは無縁です。大学を卒業する年齢もバラバラです。

これはドイツでは学科によって在学の年数が違うという理由もありますが、中には個人的な理由から「できるだけ長く学生生活をしたい」と考え、10年以上大学生をやる人もいます。もっともドイツの大学に私学は少なく税金で成り立っているので、昔のドイツにいた"Ewiger Student"（何十年も大学生をやる『永遠の大学生』）をやることについて現在は厳しくなってきています。

「年齢」に話を戻すと……。国によってシステムは各自違うのでそこを変えることは難しいです。でも自分のことを考えるときに「○歳なのに独身」「○歳なのに子供がいない」というふうに自分で自分を苦しめているのだとしたら、そんな必要は全くないわけです。悩みの発端となりやすい「何歳のときにはこうであるべき」という呪縛からいったん離れてみませんか。

私自身は「ドイツと日本のハーフ」という立場であることから、「ふつうのドイツ人」や「ふつうの日本人」と違うことを長年悩んできましたが、この「ふつうはこう」という「常識」から離れたときに、自分のペースで歩き始めることができた気がします。

家事を外注していても公にしない ママタレたち

日本に住んで女性として、不思議に思うこと。

それは、女性として見ていて、「楽だろうな」と思える【ロールモデル】がテレビや雑誌にあまりいないこと。

例えば芸能人の【ママタレ】が子供を産んだ後、ブログなどで積極的に情報発信をし、子供との日常を綴《つづ》ることがあります。キャラ弁の写真をアップしたり、手作りの料理をアップしたり。でも【家事や育児に関する外からのヘルプ】はあまり登場しません。

まれに松嶋尚美さんみたいにブログでフィリピン人のベビーシッターさんを紹介した人もいますが、基本的には、日本の女性芸能人は「実情はどうであれ、【自分が】

メインに子育てをしている」というイメージを前面に出しています。ママタレの女性芸能人を責めたいわけではありません。でも彼女たちにそうさせてしまうニッポンの【雰囲気】や【空気】について考えさせられます。

その【空気】というのは「女性が自分でやらずに外部に頼むなんて！」「シッターさんや掃除の人がいるということを発信するのはちょっと……」というようなものです。

女性芸能人にこそ、この掟《おきて》を破ってほしい気もしますが（そうしたら見ている女性たちもとても楽になると思います）、やはり事務所もＣＭやタレントのイメージが気になるのでしょう。「毎週、何曜日は、シッターさんに任せています」「ソファーとカーペットのお掃除をしてもらいました！」なんてあっけらかんと語る女性芸能人がいたらいいのになあ、と思います。

実際には子供のいる女性芸能人の場合、仕事が忙しいわけですから、ベビーシッターさんやお掃除の人を頼んでいるわけです。そういう事実をＳＮＳでも発信したほうがみんなが楽になれるのではないでしょうか。ここはぜひ今後に期待したいところです。お願いしますよ、女性芸能人のみなさん。

ちなみに「ママタレ」ではありませんが、「ホラン千秋の茶色いお弁当」については女性から「気が楽になった」という声も多く、見ていて気持ちいいです。

●家事は外注してしまいましょう

さて、ドイツの状況ですが、実はドイツ人女性の多くが掃除などを定期的に外注しています。安いところだと1時間9ユーロで掃除や家事代行を頼めますが、だいたいは12ユーロ～19ユーロの間ぐらいが相場です。次のように掃除や家事代行の人たちが顔を出して自らをアピールしているものもあります。

https://www.betreut.de/haushaltshilfe

ちなみに「お家ヒーロー」という名の面白いネーミングの掃除&家事代行サービスもドイツにはあります。https://meine-haushelden.de/

家事代行や掃除を頼む際に頼りになるのは、やっぱり友達や知人からの【口コミ】です。ドイツでは掃除の人を【友達に紹介してもらう】ことが多いです。例えば、◯

○家で掃除を何年かやっている掃除の人がいると、その○○家の妻が、違う家の妻に掃除の人を紹介する、といった感じです。ママ友同士で掃除の人に関する情報交換をすることもあります。

掃除や家事を外注することや、他人を家の中に入れることに日本人ほど抵抗のないドイツ人ですが、やはりドロボーは困りますから、掃除の腕前はもとより【正直な人物】であることが大事です。そういう意味でも知り合いや友達からの口コミは貴重なのです。

日本の掃除の外注や家事代行も、実は価格はドイツと似たような価格です。日本の掃除&家事代行サービスが決して高いというわけではありません。例えば「タスカジ」の場合は、1時間1500円からです。https://taskaji.jp/?lang=ja

うまく使えば気持ち人生も【楽】になること間違いないでしょう。

日本の本屋さんめぐりをしていると、家事をラクにする方法の本や掃除の本を見かけます。本に限らず、グッズに関しても、過去には「松居棒」が話題になったりと「家事や掃除を手助けするグッズ」の話題性には事欠かないニッポンです。

でも時には「人に任せる」ことを始めてみてもいいのではないでしょうか。

「あの人も一人で掃除家事育児を頑張っているから、私も一人で頑張ろう！」と頑張りすぎると、気が付いたら疲労が蓄積されていた、なんてことになりかねません。**早い段階で【諦《あきら》める】**（＝外注する）ことも時には必要。**ストレスは女性の敵です。**

こういうところから自分をストレスから解放して堂々と楽をしましょう。

家事についてはスパッと諦めるのがドイツ流

ドイツの家は整理整頓が行き届いていることが多く、スッキリとした暮らしをしている人が多いです。家事に多くの時間を割いていると思われがちなのですが、日本でいう「丁寧な暮らし」をドイツ人は意外としていなかったりします。

日本では母親が子供の使うものやお弁当も含む食事を全部手作りすることが「当たり前」だと思われているところがあります。家の中のいたるところにお母さんの気配りというか優しさが見える生活が理想だとされています。

実際日本で専業主婦をしている女性は多くの時間を使い、自分の中のクリエイティビティー（creativity）を最大限に生かし家の中のことや家族のために使っているように感じます。例えばキャラ弁一つにしても、今はキャラ弁用のたくさんのグッズが売られているとはいえ、やはり作る側のセンスというかが求められます。日本でびっくりするのは、ほとんど芸術家レベルにクリエイティブなお母さん方が多いこと。当然出来上がるキャラ弁も、「食べるのはもったいない！　美術館に飾っておきたい！」と思ってしまうレベルのものです。

それではドイツではどうなのかというと、子供のおやつは基本的に、食品保存容器にサンドイッチやリンゴ、バナナなどを入れたシンプルなものです。子供が自分の歯で噛《か》むほうが良いということで、果物のカットさえしません。全くクリエイティブではないけれど親は楽です。

●機械と他人に頼って、時間はかけない

家事も極力「シンプルさ」を追求するのがドイツ流。ではそのシンプルはどういう形かというと、「機械」と「人」にとにかく頼るというもの。

例えば食器洗い機。日本では小さい器が多いことやお箸を使うこともあって、食器

洗浄機があまり家庭に普及していませんが、ドイツ人にとっての食器洗いとは、全部サッと食器洗い機に突っ込んで、あとは出すだけ、という非常にシンプルなもの。掃除に関しても、自分たちでももちろんしますが、月に何回か掃除のプロの人に来てもらって、家の中やキッチンを掃除してもらうことにドイツでは抵抗のない人が多いです。

ドイツの場合、家事に関しては時間がかかるものとして最初から「諦めている」部分があります。かといって、「自分で家事のために時間を作り出そう」とか「週末に家事をしよう」という発想はありません。

週末には家事などではなく、心がときめく非日常的なことをしたいと考える人が多いのです。ドイツの社会は基本的に男女平等ですので、男性が「妻や恋人など『女性』が家事をする」ことを期待するのも最近ではタブーだとされています。

家事や家の中のことに関しては、ドイツでは「忙しくても、やればできる」というような体育会系的な発想や精神論よりも「機械と他人に頼る」という合理的なやり方が主流です。

ただコロナ禍でこのスタイルが崩れた部分もあります。ドイツに住むドイツ人の友人は「コロナが明け、一番すがすがしかったのは、こういった家事の外注ができるようになったこと」だと言っていました。

外の力を借りて磨き上げた部屋に、ドイツ人は好きな絵画を飾ったり、置物の配置にこだわります。そういう意味ではドイツ人も「丁寧な生活」をしています。「自分たちでする家事はササっと済ませたい」と考えていても、家の中の「飾り付け」にはこだわります。イースターの時期にウサギの置物を飾ったり、クリスマスシーズンには本物のモミの木をリビングに飾ったりと、ドイツ人の家に行くと「季節の飾りもの」に多く出会えます。飾り付けにもその人のセンスが現れクリエイティビティーが活かされています。

ドイツ流の部屋づくりのポイント

家事は簡潔に要領よく。そして機械と人に頼る。でも部屋の置物や飾りには自分たちのこだわりを。

自分だけのマイブームを作ろう

思えばドイツの町というのはミュンヘンのような比較的大きな町であっても、東京のように、六本木ヒルズやミッドタウン、虎の門ヒルズのように次から次へと新しい「町」ができることはありません。新しいアーケードなどができることはあっても、基本的には町の景観が「昔のまま」です。ドイツの場合、建物が劣化して、作り変えるときに古いアーキテクチュアやスタイルを保存することにこだわるので実は作り直した建物や新しい建物でも「昔ながらの雰囲気」がそのまま残ります。私はミュンヘンで育ちましたが、私が子供だった頃の70年代や80年代のミュンヘンの景観と今の景観を比べてみても、街並みにそれほど違いはありません。

日本で次から次へと新しい建物が建つのは、日本は地震がある災害国でありまた湿気等の問題から建物に寿命があるということとも関係していますが、やっぱり日本人

は「ブーム好き」だということとも関係していると思います。考えてみれば、日本では「町」以外にも絶えず「ブーム」が発生しているような気がします。流行語大賞しかり、流行りのメイクしかり、ちょっと前の「パクチー」のような食事のブームしかり。

●流行りに左右されないドイツ人

ドイツにももちろんトレンドはありますが、社会全体として目立つのは、やっぱりドイツ人の「頑固さ」。みんな、良くも悪くも確たる自信や信念をもって人生をおくっている印象。その人の好みによって、人生における楽しみが「散歩」の人、「ワンちゃん」（犬）の人、ベジタリアンであることに命をかける人、仕事の傍《かたわ》ら週末には難民のボランティアに励んでいる人。一度行った休暇先の南の島が忘れられず「島」にハマる人も。ただしそれは必ずしも流行りの島だとは限りません。

情熱のかけ方も「いろいろ」です。仕事以外のこれらの活動が「まさに生きがい」となっている人もいれば、「ゆるくずっと続けている」人も。世間の流行りというよりは、自分の中に「マイブーム」が常にある形とでもいいましょうか。

日本でいろいろなブームがあるのは、私は見ているぶんにはワクワクしていて楽しいですが、随時ブームに「のる」気力はありません。やはりマイペースだからでしょうか。だからやっぱりマイブームに多くの時間を割きます。「手ぶらで行く長期散歩」や「3時間かかるタイマッサージ」も好きです。タイマッサージは体全体で乗っかってくるので、痛気持ちいいです。一度「これが心地よい」と分かると、新型コロナウイルスの蔓延《まんえん》などで一度ブランクが空いたとしても、また忘れずに再開します。

ただもしあなたが常に刺激を求めるタイプなら、「今のマイブームはこれ！」といろいろなことに期間限定でハマるのも楽しいかと。仕事以外で何か「楽しいこと」にハマることは日々の生活を明るくしてくれます。それが長い人生の中で「習慣」となるのもよし、そうはならずに「期間限定のお楽しみ」でもよし。移りゆく楽しさだって人生にはあります。いえ、むしろ人生は移りゆくものなので、趣味やハマっているものも随時変化するのが自然なのかもしれません。

●「人間」のマイブームには要注意

ただしマイブームでも「人間」相手のものには注意したいもの。かくいう私も誰かと知り合いになって「面白そうな人！」だと思うと、ラブコールをかけがちなのですが、こちらの興味だけでラブコールをかけてしまうと、度が過ぎる場合、相手は自分のペースを崩され、ちょっととまどうかもしれません。相手は趣味でもなんでもなく人間なのですから。

思えば嬉しくなるほど「サンドラ、サンドラ」と言ってきてくれた女性がいましたが、実はその人の中ではドイツ語を習ったりドイツの文化について調べたりすることが「マイブーム」となっていて、私のことをチヤホヤするのはその「ドイツ・マイブーム」の一環だったということがありました。当然、彼女の中で「ドイツ」というマイブームが去っていくとともに、私の存在も彼女の中で忘れ去られていくのでした。こういうのは「お互い様」の部分もあるし、仕方ない部分もありますが、やっぱり寂しかったりします。

日本に住む外国人や外国にルーツのある人は、こういう経験を結構しているかもしれません。例えば「外国人と話すのがマイブーム」の場合、つい身近な外国人に「誰々さん、誰々さん」と熱を入れがちですが、やがて「外国人と話すマイブーム」がその人の中で終わったり「やっぱり日本文化に目を向けよう」と気持ちが変わった場合、その外国人の友達は放置されてしまったりします。

言いたいのは「作業」や「物」が関連する趣味はどんなに移り変わってもいいけれど、「人間」がそこにいる場合は気を付けたいということ。いっきに距離を縮めようとして、自分が飽きたら放置ではやはり相手は人間なので傷つきます。

私は仕事上の付き合いはたくさんありますが、プライベートで近づいてくる人間に関しては、「ん？　私ってもしかしたら、この人の『マイブーム』の一環？」と警戒することも。ちょっと感じが悪かったかしら？

なにはともあれ、お互いの「ペース」さえ守られていれば、何の問題もないと思うので、自分のペース、そして相手のペースを大事にしたいものです。

「何も予定を入れない日」を作ろう

何かと忙しい現代人。スマホの普及で「いつでもどこでもつながれる」状態になったことで、仕事でもプライベートでもいろいろな連絡ができるようになり、予定が立てやすくなりました。仕事も遊びも予定がいっぱいという人も多いのではないでしょうか。

私も何かと予定を入れるタイプですが、毎日のように「仕事だ、遊びだ」と出かけているとなんだか疲れてきます。仕事仲間や友達と飲食をすれば楽しいですが、ついつい食べ過ぎたり飲みすぎたりして、翌日は疲れてしまうことも。人と会うということはなんだかんだ気を遣うことでもありますから、毎日のように人と会うと「人疲れ」してしまいます。コロナ禍になってから、人と会わない日や何の予定も入っていない日が増え、意外とこれが心地よいことに気付いてしまいました。だからコロナ禍が落

ち着いた今でも、月に何度か「何も予定を入れない日」を意識的に作るようにしています。

風邪を引きそうなときでも、1日ボーッと休んでいれば、体力が復活することもありますし、なんといっても何もしなかった日の翌日というのは私の場合ダントツに元気で仕事もはかどります。でも「何も予定を入れない」のは「仕事の効率を良くするため」ではありません。

何も予定が入っていない日に家でボーッとしたり散歩したりすると、当然考えごとをします。「自分が今どういうことに悩んでいるのか」「何をしたいのか」などと考えるようになります。ボーッとしているようで、気が付けば「自分と向き合っている」のですね。こういうのは気が滅入って嫌だという人もいますが、私自身は心身ともに健康でいるためにこういう時間が必要だと感じています。

●ドイツ人は予定を詰め込まない、ハシゴしない

そう感じるのは私がドイツで育ったことと無関係ではないと思います。一般的にドイツ人は何週間も先まで友達との約束や遊びの予定を入れることをあまり好みません。週末などが近づいた段階で友達と連絡を取る人が多い気がします。先々まで遊びの予定を入れたがらないのは「休みぐらい自由でいたい、ゆっくりしたい」と考えるからです。「予定をガチガチ入れるのは、なんだかカッコ悪い」という感覚がドイツにはあるのです。「そんなにせかせか予定を詰め込んでどうするの？　もっとゆっくりしたほうがいいよ」というような感覚です。

日本に長く住んでいる私は先々まで予定を入れてしまうのですが、ドイツに行くたびにみんな時間的な余裕があることにびっくりします。逆に相手のドイツ人は私が予定をいっぱい入れていることに目を白黒させます。

何も予定のない日、どのようにボーッとしているのかというと……家の中で好きなコーヒーやお茶を飲んだりココアやホットレモンを作ったり。好きなＤＶＤを観たり、家の中でヨガをしたり、ふらーっと散歩に出かけたり、サウナに出かけたり。「時間に縛られない」ことがポイントです。パートナーと住んでいる人はパートナーと一緒にのんびりするのもよいでしょう。そんな日はスマホやＰＣを見ないほうが気も散りません。

ドイツの人は休みの日に予定が入っていても、あまり日本の多忙な人みたいに「遊びのハシゴ」はしない人が多い印象。例えば夕方から友達の家でホームパーティーがある場合、それまでの時間をゆっくりと過ごし、あまり他の予定をハシゴはしません。

●ゆっくり自分と向き合い、じっくりそのときを味わう

以前、堀江貴文さん（ホリエモン）の書いた『多動力』（幻冬舎文庫）という本を読みました。「常識にとらわれず自分の気の向くままに仕事も遊びもどんどんやろう」という趣旨のことが書かれていて、読んでいて元気になれたのですが、「一晩のうちに複数の人に会い、飲食店を複数ハシゴする」にはびっくりしました。楽しそうな気もしますが、私の中で「ドイツのツッコミ」が聞こえてきました。

“Kann man den Abend dann überhaupt geniessen?”（日本語への意訳「そんなん

で楽しむことはできるの？」）というツッコミです。じっくりと友達の話を聞いたり、自分の近況を報告したり、その店の空間や雰囲気をじっくり味わうのは、やっぱり予定を詰め込み過ぎないほうができると思っています。

ドイツでは昔も今も「日曜日は店が閉まっている」ぐらいですから、みんな「まる1日、何もせずにとにかく休む」ことに慣れています。日本にいるとなかなか難しいかもしれませんが、仕事と遊びの詰め込み過ぎで疲弊してしまわないように定期的に立ち止まってみてはいかがでしょうか。

「何が幸せか」を考える

女性の「生き方本」にはよく「○○流の生き方でハッピーに」とか、国名を挙げて「どこそこの国の女性のような生き方をするとよりハッピーに」というのがありますが（この本も基本はそうですが……）、幸せになるために一番大事なこと、それは「自分自身を知ること」なのではないかと思う今日この頃。

ある金曜日の夜、私は女友達と一緒に目黒を歩いていました。二人で目的のレストランに向かう途中にチェーン店の安いカレー屋さんが。そのカレー屋さんの前を通ったとき、女友達はそのチェーン店の中で食べている人々の様子を見ながら、こう言いました。

「なんか、金曜日の夜に、安いカレー屋さんで、女性一人で食事をしているような生活だけは、私ぜったい嫌だな……」と。その女友達には「食事は家族と一緒にとる

のが幸せ」というハッキリとした「幸せの図」があったのです。

でも正直に言うと私は、自分が好きな仕事をしていて、忙しくしていたら、仕事と仕事の合間にチェーン店のカレー屋さんに一人でヒュッと入って食べるのは、むしろワクワクします。

例えば、ある仕事の打ち合わせが終わって、別の打ち合わせに向かう前に時間が少しだけできて、合間の時間にショッピングをしたり、定食屋さんやチェーン店のカレー屋さんに入ったり、というのはむしろ充実した生活だと私は思います。

友達が言っていたのは「金曜日の夜に一人でカレーはミジメ」ということなのだけれど、たとえ金曜の夜であっても、「夜遅くにスタートする仕事の前に食べているのかもしれない」「家で企画を練っていて、ちょっと煮詰まって、それで一人で食べに来たのかも」なんて私の妄想はとどまるところを知りません。

実は、その女友達と一緒にそのカレー屋さんの前を通る前にも、私は一人で何回も夜の時間帯にそのカレー屋さんの前を通ったことがあり、そのときも外から中で食事を済ませている人が見えましたが、特にその人たちがミジメだとか、自分は夜一人でこういう所で食事をするような女性にはなりたくない、とは思いませんでした。ちなみに私自身がそのチェーン店に入らなかった理由はダイエット中だからです（笑）。

●自分史を振り返り、自分を知る

私は「仕事と仕事の合間の移動中にサッと一人でご飯を食べる」ことに昔からむしろ憧れているようなフシがありました。

これには理由があって、私は子供の頃「暇を持て余している小学生」だったのです。学校が1時に終わり、家でお昼ごはんを食べ宿題をすると、その後ずっとヒマ。そんな中「自分が大人になったら、忙しく働くんだ」と想像をしてはワクワクしていました。ヒマを持て余していた子供だった私は「仕事が忙しい大人の女性」に憧れていました。当時の私は全く忙しくないのに、日本のかわいいサンリオのスケジュール帳を机に置いてそれを眺めてはワクワクしていました……。書き込むほどの予定なんか何もなかったのですが。

「スケジュール管理に追われている自分」「仕事が忙しい自分」に対する憧れが強かったせいか、今も忙しいとワクワクしてしまいます。母が「ご飯は家で食べたほうがいい」という考えだったので、あまりファストフード店に行かなかったこと、そして母が専業主婦で「外で働く女性」とは遠いところにいたことが、私の中である種の「反動」となって今のような思考になったのかもしれません。

もしかしたら「何をするのが幸せと感じるのか」はその人の幼少期やその人の「自分史」にヒントがあるのかもしれません。みんな育ってきた環境は違いますから、そして子供時代に感じてきたことも違いますから、大人になって「どういう状態を幸せだと思うか」が違うのも当たり前なのです。

そんなこんなで「自分の好きな仕事をして忙しい」状態が私はとても好きです。たとえそこに「定食屋さん」や「安いカレー屋さん」が登場しても。いや、むしろ定食屋さんやカレー屋さんは私にとっては「充実している忙しさ」を連想させるものなのでした。もちろん「好きな」仕事というのがポイントで、「徹夜をしなければならないような忙しさ」は嫌ですけど。

何をもって自分が幸せだと思うのかというのは、ありきたりの言い方ですが「本当に人それぞれ」です。カレー屋さんを通りかかったときの友人の言葉がきっかけでそんなことを考えたのでした。

他人を見て、その他人を「幸せそう」と感じる場合は、その他人が今その瞬間にやっていることが、あなたの幸せの理想にピッタリと当てはまっているのでしょう。子供をたくさん連れたお母さんを幸せそう！と思ったら、自分も子供がたくさん欲しいのかもしれない。忙しくフットワークが軽く一人でいつも動き回っている女性を見て「カッコイイ」と感じるなら、自分も好きな仕事を持って忙しく動き回ることに充実や幸せを感じるのかもしれない。

立ち止まって自分自身のことを客観的に見てみると、自分が何を求めているのか、どういうときに自分は幸せだと感じるのかがきっと分かります。「あの人のことを見ていて自分がこう思う（感じる）ということは、私の心はこれを欲しているんだ！」と気づくことも。自分の心と真剣に向き合うことはやっぱり大事です。

そう考えると幸せへの近道は「自分を知る」こと。「どこそこの国の女性の生き方」にまつわる本を読む際にも、まずは自分の心の声に耳を傾け、自分は何をしているときが幸せなのかを考え、それに沿って行動していけば、幸せはグッと近づくはずです。

心が楽になる方法

疲れているときは「週末から週末へと生きる」と少し楽になります。「仕事が5日間あるのに比べ週末はたった2日間！」とタメ息が出るかもしれませんが……月曜日から金曜日までずっと週末のことを考えていればいいんです。

月曜日は仕事に取り掛かりながらも「週末楽しかったな～」と週末の余韻を味わってオッケー。火曜日は仕事に本腰を入れるとして、水曜日からは次の週末の計画を漠然と計画してワクワク。いよいよ木曜日にはその週末の予定を詳細まで詰めて……そして金曜日には気持ちはもう週末！

……なんだか怒られそうな「アドバイス」ですが、これはドイツの実態に近いのです。

ドイツ人に関するジョークで、「ドイツ人は、月曜日は週末の疲れを取るのに精一杯だから月曜日は仕事にならない。火曜日もまだ週末の疲れが残っていて、完全に仕事に集中とまではいかない。水曜日にやっと仕事の本腰を入れて、1日仕事を頑張る。ところが木曜日は次の週末の準備に忙しく、金曜日に関しては来たる週末のワクワクに忙しく仕事に手が回らない」というジョークがあります。

ここは日本なので、「火曜日」に仕事に本腰を！ と1日早めてみました（笑）。

仕事が生きがいの人には怒られてしまうかもしれませんが、仕事が原因で心身を病んだり、仕事の忙しさでつらい思いをしている人は本当に多いのです。そんなとき、「週末から週末へ生きる」つまりは週末を生きがいにする、ということでよいと思うのです。もちろん仕事が楽しくても、週末を生きがいにしてもかまいません。ドイツ人はみんなそうしています（笑）。

●週末を楽しめるように生きる

「週末を大事にする」ためには自分の「努力」も必要。それは週末を「自分が楽しいと思える方法で過ごす」ことに向けて最大限の努力をすること。そして何よりも「週末を大事にできる環境に自分の身を置くこと」です。週末が定期的になくなってしまうようなブラックな会社は一刻も早く退職すること。もしあなたの周りに「仕事を生きがいにしろ」と精神論を説教するような上司がいても、心の中では週末を大事にしよう、という強い意志を持つこと。たとえ「今」それができなくても、近い将来「そういう環境」に自分を持っていけるように努力することが大事です。

「仕事人間」から見て「だらけている」ぐらいがちょうどよい。理想は週末を楽しめる仕事のペース、週末を楽しめるような精神的な余裕。

「休みから休みへと生きる」といえば、「毎年の長期休暇の旅行を生きがいに」もいいのだけれど、コロナ禍だとこれが難しかったりするので、「5日間おき」の楽しみ、つまりは「週末」を中心とした思考を心がけると精神的に楽になります。

●毎年の長期旅行を生きがいに

かつて「日本人とドイツ人は世界中どこにでもいる」と言われていました。日本人もドイツ人も海外旅行が好きで、世界のどんな僻地に行っても、そこには日本人とド

イツ人がいる、なんて言われていたものです。最近、日本人は「内向き」になってきており、海外に留学したい、海外を旅したいと考える若者が減ってきていると言われています。確かにバブルの頃と比べると、ドイツであまり日本人の旅行者を見かけなくなりました。

ドイツ人は昔も今も海外旅行が好きで、「遠出」も目立ちます。ドイツの冬は長く、日照時間が短く、天気の悪い日が多いため、ドイツ人は休暇というと「南の島で思いっきり太陽を浴びたい」と考えます。タイのサムイ島やモルジブなどドイツから遠い南の島も人気ですし、比較的「近場」の旅先だとクロアチア、ギリシャ、トルコなどが人気です。

ドイツ人は一度の休暇で多くの場所を訪れようとは考えません。一か所でのんびりしたいと考える人が多いです。サーフィンが好きな人だとモルジブが人気ですし、スポーツをやらない人でもタイのサムイ島などが人気です。そういった南の島に長く滞在し、天気の悪いドイツの日常を忘れ、思いっきり太陽を浴びてリフレッシュします。

ドイツと日本の両方に長く住んで思うのは、日本人にとって海外旅行は「プラスアルファ」だけれど、ドイツ人にとって海外旅行は「マスト」だということです。長い休暇をもらうのは大事だけれど、それだけではダメで、やっぱり旅行に出かけたいのです。コロナ禍で「海外に行けない」という状況はドイツ人にとって精神的にかなりキツかったようです。

ドイツ人の夫婦やカップルに「どこで出会ったの？」と聞くと「休暇中の旅先で出会った」という返事が返ってくることも。頻繁に海外に行っているため、それに比例して「旅先での出会い」も多いのですね。ドイツ人にとって旅は、楽しみであり、冒険でもあり、同時にルーティンでもあるのです。

Chapter 4

ヒールは履かない

日本の靴選びVSドイツの靴選び

日本とドイツを比べながら「違い」を見つけるのが好きな私ですが、「靴の選び方」もドイツと日本では違うようです。

日本の女性はドイツ人女性よりも「オシャレ」を重視して靴を選ぶ傾向があるように感じます。機能性よりも、「見た感じ好きか」、「自分のテイストに合っているか」「今、流行っているかどうか」といったことを重視して靴を選んでいる印象です。「日本人の女性は靴を選ぶとき、服を選ぶような感覚で選ぶのだな」と思うことがあります。特にオシャレな女性の場合、やはり流行は無視できないようです。その上で、靴のデザイン、色、靴が服に合っているか、などをチェックして選んでいるようです。

日本の街を歩いていると、いろいろなデザインの、かなり冒険心のあるデザインの

靴も多く見かけます。これは服に関しても言えることなのですが、ヨーロッパの人よりも日本人のほうが冒険心や遊び心があるな、と感じることが多いです。

日本では「日本よりもヨーロッパの人のほうが、自分の好きな服を着ている」と思われているようですが、例えばドイツに関しては、男性も女性も「黒や紺、茶色や灰色」などの落ち着いた色を基調とした着こなしが言わば「社会の常識」だとされているようなところがありますので、「冒険」する人は意外と少ないのです。

注意したいのは「足のサイズに合った靴を選ぶ」こと。日本ではパンプスを履く女性をよく見かけますが、サイズが合っていないパンプスを履いている人がたまにいます。なぜ「合っていない」ことが傍目《はため》にも分かるのかというと、「歩き方」です。自分の足よりもかなり大きいパンプスを履いていると、脚を上げるたびに、かかとの部分が出てしまいます。これはあまり健康に良いとは言えません。

前述通り、ドイツ人の靴選びは「機能性」重視です。ドイツ人は、ファッション性を重視して靴を選ぶ、というよりも、電化製品を選ぶような慎重さで靴を選ぶ傾向が

あります。「この靴の革は自分の足に合うか」、「サイズはピッタリか」、「革靴の場合これを買ったら、何年ぐらい靴がもつのか」そんなことを無意識にですが考慮した上で靴を選ぶ人が多いです。もちろん、靴の色が服に合っているか、など見た目にも気を使いますが、日本ほど「流行り」は重視されませんし、やはり「機能」が重視されているのです。

●ペタンコの革靴で颯爽《さっそう》と歩く

日本とだいぶ違うのは、ドイツのオフィス街では「ペタンコの革靴」つまりはヒールが全くない靴を履く女性も多く見かけることです。これが不思議で、「ペタンコの革靴」だけをピンポイントで見ると、確かにオシャレな靴とは言いがたいのですが、その女性を「少し遠くから」（つまり全身が目に入るような距離）から見ると、これがカッコイイのです。それはペタンコの靴を履くと、「颯爽と歩く」ことができるからです。

日本の男性は「颯爽と歩く女性」というと「ヒールを履いている女性」を思い浮

かべることが少なくないようです。でも実は「健康に颯爽と歩ける」のはペタンコな靴ならでは。ドイツではペタンコの靴を履いた女性が颯爽と歩く姿をよく見かけます。あのメルケル元首相もヒールのないローファーのような靴で天皇陛下と会談をしています（以下のリンクを開き、下のほうにスクロールしていただくと、メルケル元首相が天皇陛下と会談している写真が出てきます。https://globe.asahi.com/article/12452690）

ヒールがない靴はとにかく歩きやすく、姿勢も必然的に良くなります。腰や背中に負担もかかりませんし、良いことだらけです。早歩きはもちろん、パッと走ることも可能です。「自由に颯爽と」歩けること。これがドイツの靴選びのキーワードです。

●日本人は「脱ぎやすい靴」を選び、ドイツ人は「24時間、履いていても痛くならない靴」を選ぶ

日本は「家の中や建物の中で靴を脱ぐ文化」。そのため、個人の家の中はもちろん、歯医者さんなどの場でも土足で上がることはしません。お友達と居酒屋に繰り出せば、

ここでもスリッパが用意されていることが少なくありません。

日本で生活していると、朝に靴を履いて外に出かけても、1日のうちに何回も靴を脱ぐことがあります。そのため靴を選ぶ際にどうしても紐《ひも》靴は避けられる傾向にあり、「脱ぎやすい靴」が選ばれるようです。

逆にドイツでは「紐靴」が多いです。紐靴が人気なのは、紐を使って自分の足にフィットするように調整が可能だからです。紐をギュッと結んだあとの「靴のフィット感」がドイツ人にとっては大事です。コロナ禍によって、最近は「家の中で靴を脱ぐ」ドイツ人も増えてきたものの、やはり今もなおドイツ人は「たとえ一日中履いていたとしてもフィット感が良い靴」が好きなのです。自分に合う靴を買い、紐をギュッと締めて歩けば、「どんなにたくさん歩いても足が痛くならない」そして「24時間履いていても足が痛くならない」。これをドイツ人は求めているのです。

ドイツの靴屋さんの店員さんは薬局の人みたい!?

日本とドイツでは靴屋さんの店員さんの雰囲気はもちろん、役割もかなり違います。

ドイツの靴屋さんの店員さんには販売員としての経験の他に、最低2年の研修の際に身につける「靴や足に関する知識」に長けている人が多いです。ですので、日本のように「お似合いですよ」というようなホメ言葉は期待できないこともありますが、実は靴や足に関しての専門知識が豊富で、店先で客が靴を試し履きしている際に「あなたの足なら、今試し履きしている靴よりも、あっちの靴のほうが足に合うと思うわ」などと、「客の足に本当に合っている靴」を勧めてくれるありがたさがあります。

ドイツの靴屋さんの店員さんはアパレルやファッション関係の販売員というよりも薬局の人に近いイメージです。的確に足の健康や靴にまつわることを助言してくれるので、頼りになります。

ドイツ人は靴を選ぶときは「じっくり」選びます。靴屋さんのシートに腰掛けて、5、6足、いや10足ぐらい、時には店員さんに倉庫の中から持ってきてもらい、試し履きをします。前にも書きましたが、ドイツの靴屋さんの店内では、その店の靴を履きながら店内をウロウロと歩いている人をよく見かけます。日本の感覚からみると「そこまで徹底するのか」と思われるかもしれません。ただ「座った状態」や「立っている状態」だけでは「靴が自分の足にフィットしているかは分からない」。そのため、ドイツでは店員さんも「歩いてみては？」と勧めてくれるのです。

このようにドイツの靴選びは「時間をかけてじっくり」です。そのため親の靴選びの際に子供が退屈しないように、靴屋さんの店内に巨大な滑り台が設置されていることがあります。親が靴を選んでいる間、子供もじっくり遊べるというわけです。

●ドイツの靴のサイズのラインナップ

ドイツの靴屋さんは女性の場合、36〜41（日本でいう23〜28）までのラインナップが主流です。それより小さいサイズだと、取り寄せる必要があったり、特定のお店に行くことになります。

みなさんの想像通り、私も含めてドイツ人は日本人よりも足が大きいです。私の場合はドイツのサイズで39（日本でいうとサイズ26）です。日本だと「大きい靴」専門店に行かないと靴が見つからない私ですが、ドイツで女性で26というとまさに平均的なサイズなので、靴屋さんではこのサイズの靴が多く置いてあります。女性でも40（日本の27）、41（日本の28）というのは珍しくありません。私は日本では、足が大きいと驚かれることもありますが、ドイツでは全然大きいほうではないんですよ。

ドイツで靴を買うなら

足のサイズが平均して大きいドイツ人。ドイツの靴屋さんには女性の場合、36～41（日本でいうとサイズ23～28）の靴がだいたい置いてありますし、男性にいたってはサイズは47（日本でいうと34）まで置いているお店も多いです。

ただこれはあくまでも「縦に測ったサイズ」です。「幅」に関しては意外なことにほとんどのドイツの靴屋さんで「幅別」に案内しているということはなく、「幅」に関する表示もあまり見かけません。

ちなみに統計があるわけではないのですが、日本人のほうが幅広お足の人が多いようです。

もちろんドイツにもいろいろな形の足がありますので、そこは各自、靴屋さんの店員さんとそれこそお話ししながら相談してみるのがよいでしょう。幅に関する表記が店になくても、店員さんは「どの靴メーカーが、幅広の靴を多く製造しているか」について知識があるため、例えば同じ「37（日本でいう24）のサイズの靴が欲しい」と言っても、幅広だと分かると、「このメーカーがいいですよ」と勧めてくれたりします。ちなみに足の幅はドイツ語でFußbreite（フースブライテ）といいます。

もし読者の方がドイツの靴屋さんで幅の広い靴を買いたい場合、靴の試し履きのコーナーで、"Haben Sie den Schuh mit grösserer Fußbreite?"（「もっと幅広の靴はありませんか？」）と靴を脱いだ状態の足を見せながら、店員さんに相談してみるといいでしょう。

なお、幅に関しては、例えば売っている靴が幅広で、でも自分の足はそんなに幅が広くない場合、多少はEinlage（中敷）で調整できます。ドイツの靴屋さんの店員さんとコミュニケーションをとる際に、このEinlage（アインラーゲ）という言葉も覚えておくと便利かもしれません。

ドイツの靴屋さんで使える言葉を何点かご紹介しましょう。

・Schuhgrösse（シューグリョーセ）靴のサイズ
・Einlage（アインラーゲ）中敷
・Fußbreite（フースブライテ）足の幅
・Socken（ゾッケン）靴下
・Absatz（アブザッツ）靴のヒールの部分
・Stiefel（シュティーフェル）ブーツ
・Stöckelschuhe（シュトョッケルシューへ）ハイヒールのこと
・Sandalen（ザンダーレン）サンダル
・Winterschuhe（ウインターシューへ）冬靴

靴屋さんの店員さんはだいたい世話好きのことが多いですが、分かりやすさのために入店時は上記の単語が書かれたメモを持参して、店員さんに見せると（または単語をスマホで店員さんに見せると）スムーズかもしれません。残念ながら、発音などが原因で、分かってもらえないことも多いので……。もちろんドイツ語の勉強をするのなら「話す」のはアリなわけですが、単純に「合う靴を買いたい」という目的を成し遂げるためなら、メモ持参やスマホがスムーズです。

足のサイズが37の場合、店員さんにこのように話しかけましょう。

"Ich habe Schuhgröße 37."
（イッヒ　ハーベ　シューグリョーセ　37）
「私の足のサイズは37です」
"Hätten Sie diesen Schuh in Größe 37?"
（ヘッテン　ジー　ディーゼン　シュー　イン　グリョーセ　37？）
「この靴の、サイズ37はありますか？」

前記の文章をメモに書いて、店員さんに見せながら会話をするとスムーズです。

ちなみにドイツの靴屋さんで安いのは、DEICHMANNです。場合によっては20ユーロぐらいで買えます。ただこういうところの店内は、靴箱がズラーッと並べられていて倉庫みたいになっており自分で選ばなくてはいけませんので、店員さんとのコミュニケーションはあまり期待できないかもしれません。

ちょうど真ん中ぐらいのお値段なのが、TRETTERという靴屋さんです。50ユーロから１５０ユーロぐらいの値段の靴が販売されています。

それより少し高いのが、SALAMANDERというお店で、派手だけどクラシカルなスタイルの靴が多いですが、私の足には少し革が固い印象を受けました。でも足はそれぞれ違うのですから、一度行って試し履きしてみる価値はあります。

昔からある靴屋さんを語る上での最高峰といえば、やはりBALLYという靴屋さんです。元々スイスの靴屋さんですが、ドイツでも全国展開しています。BALLYの靴は、上手にお手入れをすれば（シューズキーパーや靴クリームやスプレー等で）10年以上もつと言われています（笑）。ちなみに父も、ここの靴を何足か持っていて20年ぐらい履いていました。何年経っても古い感じはなくピカピカでした。

TRETTERは南ドイツ中心に展開していますが、そのほかに挙げた靴屋さんは全国展開をしています。ちなみに、南ドイツのミュンヘンの場合、Schwabing（※）エリアに行くと、個人経営のオシャレな靴屋さんに出会えます。奇抜なデザインの靴、限りなくカッコイイ靴との出会いが期待できます。ただ、お値段はちょっと高めですが……。

※Schwabingは、芸術家が集うエリア。なおミュンヘンの大学もここにあるため、自由な雰囲気。

ドイツのフットケア専門店「Fußpflege（フースプフレーゲ）」とは

良い靴を履くことで足も健康になる。……でも理想は「もともと健康な足」に良い靴を履くことで、更に健康になること！　そして足の健康のために、ドイツでは昔からFußpflege（フットケア専門店）が盛んです。

ドイツ人は「足」と「歯」にはうるさいです。顔に関しては「すっぴん」の女性が多いですし、顔のスキンケアも日本人女性と比べるとあまりしません。でも「足」の手入れや「歯」の手入れは昔から重要視されています。

足も歯も「根本的なもの」つまり人間の生活にかなり大きな影響を与えるものだと見られています。確かに足の調子が悪かったり歯が悪かったりすれば本当の意味で健康とは言えないのかもしれません。

Fußpflegeは甘皮の処理、爪のケア、足の裏などの乾燥した部分のお手入れ、魚の目の処理、巻爪、爪の水虫……などいろいろなことをしてくれるところですが、かなりの歴史があり、高齢の人ほど日常会話の中にFußpflegeという言葉が出てくるのです。「そろそろ、またFußpflegeに行かなくっちゃね」という具合です。もちろん若い人も足のトラブルがあったら気軽に行けるところが魅力です。

なんといっても、ドイツのFußpflegeの魅力は共通の資格をもった人がやっていることです。Fußpfleger（男性の場合）/Fußpflegerin（女性の場合）あるいはPodologe（男性の場合）/Podologin（女性の場合）つまり「メディカル・フットケア師」と名乗るには資格が必要ですので安心です。

ドイツの規定は大まかにいうとこんな感じです。「メディカル・フットケア師」を名乗るには、2年の研修を学校や現場で積まなければなりません。その後、試験を経て初めて「職業」が「メディカル・フットケア師」になるわけです。

2～3年の研修で学ぶことは、足や脚の仕組み、足や脚の変形について、爪の内部の部分の勉強、爪の病気、皮膚の病気、感染症、糖尿病が足にどういう影響を与えるか、魚の目、巻爪、足のマッサージ、衛生について、消毒について、経営に関すること、宣伝や値段設定に関することなど多岐にわたります。授業では本やパソコンを使って学ぶほか、実践も学ぶ、言わば「足の専門学校」です。ある学校のホームページのリンクはこんな感じです。

https://fusspflege-ausbildung.org/fusspflege-ausbildung/

ちなみに、2年~3年の研修を受けないでサロンを経営することも可能ですが、その場合は「メディカル・フットケア師」というふうに職業を名乗ることはできません。表札で職業には触れず、Praxis für med. Fußpflege / XX（メディカル・フットケア・サロン／XX（氏名））とだけ表記されます。

資格を持っているフットケア師を望む場合は、事前にホームページや表札などを見て肩書きを確認することをおススメします。

ドイツのメディカル・フットケアに関しては、「夏に素足でオシャレなサンダルを履きたい！　ペディキュアもしたい！」という理由から通うのもアリですが、実はもっと深刻なものにも対応しています。

深刻なものとは、糖尿病患者の足のケアです。メディカル・フットケア師のケアのおかげで、昔はドイツに多かった「糖尿病によって脚を切断せざるを得ない」状況を免れた人も多くいます。

雨が多いのに長靴を履かないドイツ

ドイツは雨の多い国です。日本のような「梅雨」の季節こそないものの、そして台風もないものの、なんというか「一年中、昼も夜も、雨が常にパラパラと降っている状態」……それがドイツです。

空を見上げれば、だいたい灰色。青空がパーッと広がる日は貴重です。まれにそういう日がやってくると、それはもう「太陽中心」の行動パターンになります。多少肌寒い日であっても、太陽さえ出ていればオープンカフェは「太陽を浴びたい人」で満員になります。

雨の日が多いドイツですが、「長靴」はそれほど見かけません。もちろん大手の靴屋さんに行けば、長靴も売っています。でも道行く人を観察すると、「長靴を履いている」人はほとんど見かけないのです。

例外は子供。そう、ドイツで長靴（Regenstiefel）というと、「子供」のイメージがあるのでした。あまり大人が長靴を履くということはしないのですね。

実はドイツで売られている靴は長靴でなくても、防水機能があるものが多いため、あえて「長靴」を履く必要はないのでした。防水といえば「お手入れ」も大事です。

靴を脱いだ後に靴にシューズキーパーを入れ、靴の形が崩れないようにすることもそうですが、靴の外側にクリームや防水スプレーを吹きかけ、靴に水分が染み込まないようにします。

そうはいっても雨の日、靴は濡れるわけですが、濡れた靴はまた家で拭いて、またスプレーをかけて……というお手入れを日々繰り返すわけです。

繰り返しになりますが、ドイツ人は「毎日、同じ靴を履く」ことを基本はしません。

「今日この靴を履いたら、明日はこの靴、明後日はこの靴」というふうに最低でも1日は空けて、靴を履きます。これは自分自身の気分転換というよりも、「足の健康」や「靴が長持ちすること」を考えてのローテーションです。私自身もこれに慣れているせいか、靴を履いて、1日または2日「休ませて」、それからまた履くと、気持ちよく過ごせます。

●雨でも気持ちが明るくなる日本の長靴文化

雨の日、日本の街を歩いていて、私にとって「ナイス・サプライズ」だったのは日本の女性がオシャレな長靴を履いていることでした。雨の日、黒のモノトーンの服を着て、それに合わせて黒のシックな感じの長靴を履いている女性。長靴というイメージとは違いとてもシックです。一部にはヒールが少し高めの長靴もあったりして総じてオシャレです。

黒やベージュなどの落ち着いた色の長靴とともに、日本では「遊び心のある長靴」も見かけます。大人が遊び心のある色や模様の長靴を履いているのを見かけると、雨

の日も明るい気持ちになります。

そんな私も以前ドイツに一時帰国したときに、ドイツの大手靴屋さんでオーストリア製のGIESSWEINというブランドの長靴を「日本用」、つまり日本で履くために二足買ってきました。気分が曇りがちな雨の日、これらの長靴を履くと、会う人会う人に「かわいい！」と言われ大満足です。

というわけで、タイトルの「雨が多いのに長靴を履かないドイツ」は、長靴が売っていない、というわけではなく（小さい靴屋さんにはないことも多いのですが、大手の靴屋さんには置いています）、ドイツの「大人」はあまり長靴を履かない、という意味なのでした。考えてみたら、雨の多い国なのに不思議です。

Chapter 5

努力を強いられない

10歳の才能・個性で決める、ドイツの学校システム

日本人が「和」を大切するのに対し、ドイツでは「個」の主張がモノをいうのは、ドイツに長く滞在した人であれば、誰もが認めるところだと思います。

さて、そんなドイツの「個」ですが、それはドイツ人を含む欧米人が「個人主義であるから」という【文化の違い】によるところが大きいです。ドイツの学校のシステムもまたこの「個」を重視しているものです。

ではドイツの学校のシステムはどのようなものなのでしょうか、日本と決定的に違うのは、「10歳で将来の選択をする」というところだと思います。

ドイツでは小学校は1年生から4年生までの4年間ですが、小学校卒業時の10歳の時点で、言わば「道が分かれる」ことが多いです。

将来大学へ行きたい子はギムナジウムという学校に進学し、そうでない子はギムナジウムには進学しません。大学へ進学する必要のない「職人の道」を選ぶ場合、ハウプトシューレという学校に進学します。ハウプトシューレでは卒業が15歳ぐらいなので、10代半ばでいったんは学校を終了します。それ以降は職業訓練（Lehre）を受けながら職業学校に通い、ゆくゆくは一人前（その一部がマイスター）になるという「職人の道」です。

この10歳での「選択」は、小学校4年生時点での子供の成績、子供の性格や子供自身の意思、担任の先生や、親の意見など総合的に見て判断しますが、他の国（イギリスなど）と比べ、その選択が早いということに関しては、実はドイツの中でも賛否両論があります。否定的な意見としては、「これから、どうにでも成長するかもしれないのに、10歳で将来を決めてしまうのは早すぎるのではないか」という見方です。

その一方で10歳での選択に関しては、「早い段階から将来に向けて準備ができる」

という利点もあります。日本では、全員が中学生になり、多くの人が高校生になりますが、「将来の（職業的な）夢」に関してはまだ分からない10代の子も少なくありません。またそれが許されているシステムでもあります。よく言えば、日本の学校のシステムは「長く夢が見ていられる」システムなのかもしれません。

●10歳で選択し、他を諦めるドイツ人

逆にドイツだと、10歳でハウプトシューレ（将来は職人になる。または大学進学が必要ではない職業に就く）を選んでしまえば、将来大学へ行ったり、大学を出ていないと就けない職業に就くという夢は見なくなります。早い段階での「諦め」がそこにはあります。

「諦め」と言うと、どうも響きが悪いのですけど、10歳で一つの道へ突き進んでいくやり方は、見方によっては潔いとも言えるわけです。本人はまだ思春期に達しておらず、その段階で将来への（職業的な）準備がスタートする、ということを考えると「迷いがない」状態の「良い意味での諦め」はある意味合理的です。

ドイツでは10歳の子であっても、周囲の大人（先生や親）がその子の才能や資質というものをシビアに見ていて、それに沿った将来統計をします。そこが、子供に関しては、あくまでも「努力」を重視し、「才能」という言葉を使うことに慎重な日本との大きな違いだと思います。

日本でドイツのシステムを説明すると「え、10歳で……？　早くないですか？」と言われることが多いです。日本には確かに「受験」という難場がありますが、小学校の受験に失敗したら中学校の受験に期待し、その後は高校の受験に期待して、大学受験に期待できる……という「長いあいだ夢が見られる」システムでもあるのです。ただもしかしたら私は受験を経験していないので、このようなのんきなことが言えるのかもしれませんが……。

ドイツだと、「同じ13歳」でも「将来の大学に向けて勉学に励んでいる子」と「早い自立を目指し、早く職業を身につけることを目標としている子」が同じ教室で机を並べて学ぶことはなく、既に「違う種類の学校」で学んでいるというわけです。

ドイツの社会を見てみると……ドイツの大人は、自分の可能性について、日本人と比べ非常に現実的という印象を受けます。そうはいっても、ドイツでも最近は決断を先延ばしにするのも悪くないと考える人も増えてきていて、Gesamtschule（ゲザムトシューレ。総合学校）に子供を通わせ、少し遅めに進路を決めることも珍しくなくなりました。

「努力は必ず報われる」は日本だけ？
努力社会VS才能社会

ドイツから日本に来て常々感じているのが、「日本は努力の社会」だということ。日本では努力がとても大事にされていると様々な場面で感じます。

例えば日本のマスコミは、ノーベル賞を受賞した人や、スポーツで成功した人を取り上げるときに、「その裏にある長年の努力」にスポットを当てることが多いです。子供の勉強に関しても、一生懸命勉強すれば、成績が上がる！　努力すれば受かる！と励まします。「どんな子でも頑張ればできる！」という信念に近いものがあります。

その点、ドイツは前述のように、子供が早い段階で「将来は大学に行くか否か」を「将来就くかもしれない職業」を視野に入れながら考えなくてはいけないので、シビアです。場合によっては、わずか10歳で進路の選択を迫られるのです。そして、どの道に進めるかは「小学校4年生の時点での成績」がモノを言うので、これも日本の感覚からしたらかなり酷な気がします。

日本の場合、10歳ぐらいの子の成績があまり良くなくても、「これから頑張れば何とかなるかも！」とまだ夢を見ていられる段階なのではないでしょうか。10歳ぐらいであれば、まだまだ「これからの努力」で何とかなるという考え方であるわけです。

このように日本では「努力」が重んじられますが、ドイツの場合は努力よりも「生まれ持った才能」が重視される傾向があります。例えば数学が苦手な子供がいたとして、日本であれば「これから頑張れば苦手を克服できるはず」と考えることもできるわけです。でもドイツの場合は、極論を言うと、「数学に向いていないのかもしれない。職人コースに進んだほうが良いのでは」というような考え方がされがちです。日本のほうが「苦手でも上を目指して努力をする」ことが市民権を得ているというわけです。

私は子供の頃ドイツ人と日本人の両方に囲まれて育ちましたが、確かに日本人の大人は「人間は『やるか、やらないか』で差が出るだけ。だから努力が大事」というようなことを言う人が多かったです。逆にドイツでは、自分の苦手な分野に関しては早々と諦める人が多かった印象です。

20代で「今から英語を頑張ればアメリカで女優さんになれる！」というような夢を持ち続けるのは非現実的なことかもしれませんが、「10歳でスパッといろいろなことを諦めさせてしまう」よりは優しいシステムと言えるのかもしれません。

スパッと諦めるか、それとも苦手な分野でも努力して夢を持ち続けるか……そんなところにも文化の違いがあります。もちろん、人によるところも大きいというのは言うまでもありません。

●ドイツ人の夢、日本人の夢

日本では大人になってから、お稽古ごとも含め「何かを習う」ことに貪欲《どんよく》な人が多いです。「お稽古ごと」と言いながらその腕前がプロ級だったりすることもありますし、資格取得のために勉強をする人もいます。そんな貪欲さはドイツ人にはあまり見られません。せっかくの自由な時間なのだから、山歩きやスノボなどの好きなことをして、仕事のときのように目標を立てて努力をする必要はない……そう考える人が多いのです。

では「仕事」について、ドイツの人はどのような努力をしているのでしょうか。ドイツでは例えばエンジニアの職に就いた人は、一生エンジニアとして働くというシステムであるため、「全く違う職種に転職して一発逆転」というのはドイツでは難しいです。

でも「定年までずっとエンジニアとして働く」ということは「定年まで同じ会社で働くこと」ではありません。エンジニアとしてA社に勤務した後は、もっと待遇の良いB社へ……といった具合にステップアップを図ることが理想だとされています。A社に長くても7年いたら、次はB社へ……というふうに転職の際は「7年」が一つの目安です。

日本では、「大学で勉強してきた内容と全く違う分野の仕事」に就くこともありま

すし、いったん就職しても、転職をする際に全く違う職種に就く人もいるので、資格取得のために頑張るなど向上心を持っている人が多い気がします。

大人になってからの「自分探し」というのも、日本特有かもしれません。働いて働いて「ふと立ち止まったとき」にいろんな疑問が頭と心を巡り、そして始まる「自分探し」。日本では「自分探し」にまつわる書籍も多く、雑誌の特集も多く組まれています。

ドイツ人の場合は、年に二度ほど、長期休暇（従業員に年間約30日の有休を与えている会社が多いです）という形で毎年定期的に「立ち止まっている」ので、管理職やよほど忙しい業種でない限り、ある日燃え尽きて立ち止まりたくなった、自分探しをしてみたくなった、という現象はあまり見られません。退職して自分探しをするよりも、働きながら「一年中休暇のことを夢見ている」のがドイツ人なのです。

ドイツには北ドイツに少し海があるものの、寒くて海水浴はできないことが多いので、「ビーチのある南の島」に憧れるのかもしれません。ドイツからとても離れたところにあるけれど、人のあまりいない南の島……なんて聞くとドイツ人の心は踊ります。「青い海、白い砂浜、甘いカクテル、そして太陽」がある南の島の夢を一年中見るのです。

ドイツ人のこの「遠くに行きたい」願望には名前もついていてFernwehといいます。遠くに行きたいという気持ちで胸が熱くなる……そんな気持ちを指します。独和辞書にFernwehと入れてみたら、和訳として「放浪熱」と出てきました。テレビで行ったことのない国の風景を見たとき、ネットで素敵なビーチの写真を見つけてしまったとき、ドイツ人は「ああ旅に出たい。遠くに行きたい」という強い思いにかられます。そして近い将来その島を訪れる夢を見ながら日常を過ごすのです。

そしてドイツ人が見るもう一つの夢。それは「恋」です（第6章の「人生は恋愛あってこそ！　実は「恋愛至上主義」のドイツ人」で詳しくお話しします）。

ドイツ人が夢を見るとき。それは仕事でもなく自分の可能性でもなく、「休暇」と「恋」なのでした。

勉強も遊び心で！ あるドイツ家庭のエピソード

先日「素敵だな」と思ったこと。それはあるドイツ人女性が自分の家庭の思い出を語ってくれたときのエピソード。お父さん、お母さん、弟とその女性という4人家族で育った彼女は、子供の頃2年に一度、家族と「大きな旅行」をしていました。

ドイツは1年に30日ほど有給休暇があるので、夏に休暇をとる人が多いです。そのドイツ人女性の家では、比較的「近場」（それはコモ湖だったり、スペインだったり、ギリシャだったり）に出かけた翌年には、家族4人でドーンと「遠い所」に出かけていたとのこと。これが「大きな旅行」というわけです。

その「大きな旅行」の行き先の決め方がユニークなのです。

家族4人で家にある地球儀を囲む。そこで一人は目隠しをして、地球儀を回す。指で（適当に）「ここ！」と指し、いったん止め、目隠しを外す。それで、その「指した場所」が次に行く「大きな旅行」（遠い場所）の行き先。

そして、ここからは子供たちの役目です。指した国名について図鑑やインターネットでいろいろ調べなければなりません。その国の建国のこと、人口はどれぐらいいるのか、夏の気候は何度なのか、宗教はどうなのか、その国で話されている言語、その国はそもそもどこの大陸にあるのか、などなど。もちろん親も一緒に協力します。

それらの情報を大きな一覧表にし、家の目立つ所にポスターのように飾り（日本なら九九やことわざを覚える小学生のような感じで、家の目立つところにその紙を貼る）いつでも家族全員が見られるようにして、その国の情報を自然に覚えていきます。何せ行くのは「2年後」ですから、覚える時間は十分あるわけです。これは楽しみが増えるし、勉強にもなるし、コミュニケーションをとることで家族仲も良くなるし、良いことばかりです。

この遊びには「世界の国々への知識を深める」という観点以外にも、いろいろな教育的要素があります。

「偶然」という遊び心を入れながら、物事を民主的に決める、ということ。行き先を例えば親が一方的に決めるのではなく、順番が回ってきた人から「偶然」の要素（目隠しして地球儀のある場所を指す）も入れながら決めるのはとても平等ですよね。

そして「あと2年」と時間があるので、両親も子供たちも、「旅のための貯金」を計画的にできる。ちなみにそれも紙に書いて、この国の通貨はこれで、物価はこれぐらいだから、子供は1日にいくらの金額があれば大丈夫などと皆で計算して、子供たちもお小遣いの範囲内で、2年間「旅のための貯金」を豚さんの貯金箱に入れながら貯金していく形です。

この話、どこからどこまでも素敵な話で、本当にほっこりしました。

こういう多少アナログな遊び（地球儀というのがアナログですね）も楽しいですね。

最近は日本のＬＯＦＴや東急ハンズなどにハイテクな地球儀（ボタンを押すと、その国の国歌が流れる地球儀など。「しゃべる地球儀」で検索。）があるので、こういった新たなものを取り入れながら家族でコミュニケーションをとるのも楽しいかもしれません。

念のために言うと、指で指した国について調べていくうちに、その国が内戦中であることが分かったり、極端に治安が悪いと分かった場合、一覧にした情報をファイルにし、行き先としてはまた別の場所を選ぶ（同じく目隠し＆地球儀の方法で）のだそう。それと同時に、家族で「（戦争や内戦のため）行けない国に早く平和が訪れますように」と祈り（その家はキリスト教でした）、具体的にどういうふうに支援できるのかを家族で調べたのだそう。アムネスティー・インターナショナルに小額の寄付をした思い出もあるのだとか。

ちなみに、たまたま「指」で指した場所がヨーロッパなど近い場合は却下されるというルールだったそうです。再度目隠しして地球儀を回すのだそうです。

友達の育った家庭では「地球儀」でしたが、「日本の大きな地図を広げて同じことをやる」（目隠しをして指で指したところに国内旅行をする）のも面白いと思います。ただ日本列島は縦に長いので、北海道に行きたい子は上のほうを指し、沖縄に行きたい子は下のほうを指すので、「目隠しをした後、地図を横向きにする」などの「工夫」が必要かもしれません。

ニッポンの大学
「みんなが同じタイミングで就活」の利点とは

日本の就活はタイミングが全員同じで、皆が大学生活のある時期に一緒に就活をするのも、日本人が「年齢」を気にする一因なのではないか……?と書きましたが、日本の就活の制度は悪いことばかりではありません。

日本では不景気になると企業の「新卒採用枠」が減らされることがあります。コロナ禍では「企業に内定が決まっていた大学生の内定取り消し」がニュースでも話題になりました。

ただこの「企業の新卒採用枠」というものが元々ないドイツから見ると、「新卒採用の枠」が「ある」ということ自体が、良い意味で驚きなのです。

ドイツの企業に「新卒の大学生の採用枠」は特に設けられていません。またドイツの企業は大学での勉強以外に「実務」も経験している人材を好むため、学生が大学在学中に独自に企業に対して「インターンとして何か月間か使ってもらえないか」と掛け合い、そのインターンの数やインターンの評価が良いほど、大学卒業時に職にありつける、という仕組みです。つまり大学を卒業する際に仕事にありつくためには、学生が自力で頑張らなければなりません。

「自力」というと聞こえはよいのですが、人気企業でのインターンシップは競争率が激しくコネもモノを言いますので、「親にコネがある学生」が良いインターンシップにたどりつけ、結果的に卒業時に仕事にありつける可能性も高いわけです。

企業はインターンシップをする大学生に対して給料を支払うこともありますが、その金額は低いため、「経済的に親に頼れる学生」が有利です。大学生にとって「無償でもインターンをしたい」企業もありますが、結局2か月〜3か月「無償」でインターンシップができるのは、やはり経済的に恵まれている大学生に限ります。アルバイトなどをしなければいけない学生は、そもそも2か月〜3か月無償でインターンシップをするということは現実的に不可能であるためです。これは「外」からは見えづらい、ドイツを含むヨーロッパのシビアな面です。

人気企業には、インターン生に給料を払わないところもありますし（あくまでも企業が学生に勉強させてあげている、という姿勢）、給料が出ても、前述通り、それはお小遣い程度の微々たるものだったりします。したがって、インターンをしている間（2か月や3か月）の生活費については、学生が貯金を取り崩すか、親に出してもらう形になってしまいます。

●「インターン制度」にみる格差

日本で「インターンがあまり一般的でない」ことが、外国人から批判的に語られることもありますが、前述のようにドイツなどでは名の知れた企業でのインターンにたどりつくために親などのコネが必要になる場合もあることから、この「インターン制度」こそ「欧州の不平等」と言えるかもしれません。

日本では、電通社員過労自殺事件など「ブラック労働」が問題になりました。ドイツの場合は、こういった「長時間労働」という意味での「ブラックな問題」は少ないです。ただ、インターンという制度では、一部の企業が学生を「シュレッダー係」として使い、将来的に役に立ちそうな業務をさせない、といった問題もしばしば起きています。学生側が一方的に搾取されることは少なくありません。

このインターン制度を見ていると、日本の「就活」というシステムがとても平等に思えてくるから不思議です。もちろん、日本の就活制度にもいろいろな問題はあるわけですが……。

ニュースへの接し方のポイント

日々テレビのニュースなどでいろいろな情報が入ってきますが、気になったニュースに関しては、それが日本国内のニュースだとしても、「海外ではどうなんだろう?」と調べてみると、意外と日本の良さが分かったりします。日本にも外国にもプラス面とマイナス面がありますので、それらのことを客観的に眺めることで新たな発見があるかもしれません。

Chapter 6

週末は友人と過ごす

ドイツ人にとって大事なもの、それは「Freundschaft（友情）」

「友情」という言葉、日本ではどこか青臭くて使われることがあまりありませんが、ドイツでは友情を意味するFreundschaftという言葉はよく使われます。それも子供同士だとか学生同士だけではなく、社会人になってだいぶ時間が経っていても、中年や高齢者でもよく使う言葉なのです。

ドイツ人の場合、性別に関係なく、どの年代においても友情が大事にされている印象です。日本だと、定年退職をした高齢男性からの「年賀状の数が減って寂しい」という嘆きを聞いたりします。特に男性の場合、仕事をやめた定年後の人間関係が寂しくなると言いますが、そうはならないのがドイツです。

ドイツのサラリーマン男性の場合、仕事が現役の頃から「仕事とは関係のない友人」

を持ち、その友情を育んでいるのです。もちろんドイツでも日本のように「会社や仕事がらみ」がきかっけで交友が生まれたり、友達関係になったりもしますが、ドイツの場合、日本よりも「利害関係がゼロ」のところで友情が成り立っていると思います。

経営陣などでない限り、ドイツのサラリーマンの仕事は5時か6時ぐらいに終わり、週末に出勤をしている人はまれですので、アフターファイブや週末を「友人」と過ごすドイツ人が多いです。しつこいようですが、その「友人」とは、必ずしも会社がらみの友達ではなく、サッカー等の趣味の場で出会った友達だったり、ホームパーティーなどで出会った友達であることが多いです。週末は友達同士でバーベキューをしたり、サッカーをしたり、山登りをしたり、映画を観にいったり。

現役時代から、「会社や仕事以外の人間関係」を育んできたので、ドイツのサラリーマン男性は「定年になって、交友関係が狭くなった」と悩む人は日本ほどいないかもしれません。

ドイツは、南ヨーロッパのイタリアやスペインの「いい年をした大人が男同士でツ

ルむのはダサい」という感覚（※）とは真逆です。ドイツ語圏の男性は何歳になってもなぜか「男同士でツルむ」のが好きな人も多いので、男同士（それは「友達」であって同僚や仕事関係の人であることはむしろ少ない）でサッカーをしたりビールを飲んだり、バーベキューをしたりと楽しそうです。

※南ヨーロッパのイタリアでは「いい年をした男性」はやはりカップルで楽しむことが社会的に良しとされているようです。もちろん男同士の付き合いがないというわけではなく、あくまでもドイツと比べると、「男同士で飲む」などの付き合いが少ないということです。

前述のとおりドイツの労働時間は短いので、現役の頃から会社以外の場所で気が合いそうな人と出会う機会は多いです。それはホームパーティーだったり、バーベキューだったり、スキーやスノボだったり。そういった場で、人と出会いその後友達関係に発展していきます。

●ドイツ人は仕事と無関係の友人が多く、頻繁に会う

ドイツ語に“die Freundschaft pflegen”という言い回しがありますが、これは「友情を育てる」「友情の手入れをする」という意味で、友達のために時間をつくったり、深い話をしたり、一緒の時間をともに過ごすことなどを指します。

ドイツ人は日本で「ドライで合理的」という印象を持たれがちですが、こと「友情」に関しては、ドイツ人は意外とディープなのです。

日本では「身の上話」というものにあまり良い印象を持たない人も多いのではないでしょうか。でもドイツの場合は自分の親のことなど、家族にまつわる深刻な話をしても大丈夫。例えば「幼少期に親にこういう扱いを受けたから、大人になった今も精神的につらいことがある」といったことを話せば、相手もいろいろと経験を話してくれるかもしれません。友達が昔はどういう経験をしてきて、どんな人間なのかを理解することにもつながるので、時に深刻な話をすることはむしろ歓迎されます。

逆に自分が元気なときにしか友達に連絡を取らず常にポジティブな話しかしない場合、Schönwetterfreundschaft（直訳すると「良い天気友達」）というふうに思われてしまうことも。つまりは元気なときにしか友達と交流をしようとしない人。深みに欠ける浅い人というふうにとらえるわけです。

もちろん日本人もそうであるようにドイツ人もいろいろですから、全員がそうだとは言えませんが、人間関係を築くうえでドイツのほうが「ネガティブな要素」が受け入れられる傾向はあるように思います。

日本人は忙しいですから、「友達」といえども、社会人にもなれば「週末ごとに友達に会う」人はまれですし、仕事で責任のある立場になればなるほど、友達と頻繁に会うことは少なくなるようです。

日本人は普通に「このあいだ1年ぶりに友達と会った！」と言ったりするので面白いです。……というのもドイツ人的な感覚から言うと、物理的に会える状態（つまり同じ街に住んでいる状態で、会いに行くのに飛行機に乗るなどしなくてもよい状態）であるにも関わらず1年ぶり」というのは、「それって本当に友達なの？」と考える人も多いからです。

それだけドイツの友情というか友達関係は「密」なのです。いつも友達と会っていた人からすると、コロナ禍により「友達と会うことが許されない」状況はかなりつらいものがあったと言います。日本人から見たら「小学生みたい」と思われるかもしれませんが、ドイツでは毎週ではないにしても、定期的に週末は友達と過ごすのが「友達」という定義だったりしますから。

●遠く離れても、ずっと会えなくても友達でいられる日本人

その一方で「物理的に遠く離れた場所にいるけど、友達関係を続ける」（昔なら文通、今ならメールやＳＮＳなどで）というのは得意でないドイツ人が多い印象です。やっぱりこういうことは平均して日本人のほうが「マメ」な気がします。日本人は物理的（地理的）に離れていても、友達と手紙やメール、ＬＩＮＥなどで交流を続ける人が多く、私はこれが好きです。暑中見舞い、年賀状やその他の季節の挨拶も「義理」と言えば聞こえは悪いけど、つかず離れず交流を続けられる良い手段なのではないでしょうか。

日本には「季節ごと」のイベントがあるので、これも友達同士の交流に役立っている気がします。お花見に花火大会、忘年会に新年会。あと「同窓会」好きなのも日本人の特徴かもしれません。同窓会にしても、花見、花火、忘年会、新年会にしても、良い点は、しばらくご無沙汰していても、自然な形でまた合流できることだと思います。

ドイツ人は「たまたまクラスが一緒だった」とか「たまたま学年が一緒だった」という「縁」はあまり大事にしません。「同じ年」や「同期」という考え方もないので、そのあたりが理由かもしれません。ドイツ人的な考え方では「たまたま同じクラスだった子と、個人的に友達になる人はいるけど、それ以外の人とは別に会うまでもない」という感覚だったりします。

そのためドイツの同窓会は盛り上がりに欠けるところがあります。私はドイツの同窓会に行ったことがありますが、学年には１００人以上いたにも関わらず、同窓会で10年ぶりに再会したとき、「当時（10年前）と同じグループだった人」（つまり数名）としか話し（せ）ませんでした。そういう雰囲気だったのです。つまり他のグループの人とはあまり話せないような雰囲気。これが日本の同窓会だったら、全員がもっと連帯感をもって盛り上がるのに……なんて思ってしまいました。

前にフェイスブックでドイツの学校の同窓会のページができたときも、幹事の女性がいろいろと日にちについてアップしたり、写真をアップしたりと頑張ってくれていたのに、100人ほどこのページを見ている同級生がいるにも関わらず、全然イイネが付かず、私は幹事が気の毒になってしまいました。そのため暇を見つけてはイイネを押しに行っていましたが、どうもそれは日本的な感覚であるようです。

人生は恋愛あってこそ！ 実は「恋愛至上主義」のドイツ人

ドイツの人に「人生で一番大事なものは何？」と聞くと、Liebe（愛）という答えが返ってくることが多いです。愛には、子供への愛、動物への愛など様々なものがありますが、ドイツ人が一般的に指す「愛」はやっぱり「恋愛」のこと。

ドイツには恋愛体質の人が多く、年齢を問わず「やっぱり恋愛あってこその人生」だと考える人が多いのです。

友達や知り合いと久しぶりに会うと、「元気？」という確認の後には決まって“Und was macht die Liebe?”（「そして恋愛はどんな感じ？」）と聞かれるほどです。

長年、付き合っている人がいたり結婚している場合は、パートナーの名前を挙げて

「（あなたのパートナーの）Thomasは元気にしている？」というふうに聞きます。
でもいろいろな人とデートをしていたり、特定のパートナーがいない場合、つまり「恋活中」の人の場合、相手は

"Was macht die Liebe?"（「恋愛はどんな感じ？」）

という聞き方をするわけです。

私も独身の頃は、久しぶりにドイツの友達と会うとよく

"Was macht die Liebe?"

と聞かれました。そんなときは、報告できる素敵なエピソードがあれば報告しましたし、悩んでいるときは相談もしました。そして……何も浮いた話がないときには、それも正直に話していました。ただ後者の場合、「恋愛しないで、本当に幸せ？」というふうに相手から心配されることも。

ドイツの感覚だと、相手を知るためには「どんな恋愛をしているのか知る」ことがとても大事なよう。確かに恋愛は「心」がモノを言いますから、その人の本質的な部分が凝縮されていると思います。

ただ日本の一般的な感覚だとちょっとビックリするかもしれません。ドイツの感覚だと「元気？」の後に相手の恋愛の確認をするということは冒頭に書いた通りですが、場合によっては「ずっと恋愛トークをする」ことも普通だったりしますから。こういった光景は日本の女子会ではよく見られますが、道でバッタリ会っても恋愛トークに花を咲かせるのがドイツ人です。

●いつでもオープンに恋愛トークをするドイツ人

日本と比べると、ドイツでは「恋愛」や「結婚」について「みんなとシェア」する場面が多いです。例えばドイツの大企業では、社員が銀婚式（結婚から25周年の記念日）を迎えると、特別に1日の休みをくれる企業もあります。

ドイツの会社がクリスマスパーティーを開くと、従業員だけではなく、「パートナー（や配偶者）もどうぞご一緒に」と招待されることもあります。

日本だと恋愛などにまつわる話は一般的にＴＰＯが大事だとされています。恋愛やパートナーの話を振られると、照れる人が多い気がします。ところがドイツ人の場合、そこに「照れ」はなく、堂々と自分の恋愛やパートナーシップの話をします。

ドイツ人にとって恋愛は人生の一部というよりも、恋愛あってこその人生なのかもしれません。よい恋愛こそが人生を豊かにしてくれると考える人は多いのです。

日本ではある年齢に達した女性が「恋愛に興味はないけど、子供だけは欲しい」と言うことがあります。ドイツの女性に「子供は欲しい？」と聞くと、「う〜ん、相手次第かな。相手の男性が『子供が欲しい』と言えば産むかもしれないけど、そうでなかったら、いいや」という日本ではあまり見られない回答が返ってくることがあります。「子供をもつか、もたないか」について、恋愛相手の意思次第だというのは、それこそ究極の恋愛至上主義ではないでしょうか。

ドイツでは男女の友情も珍しくないのですが（この章の最後にお話しします）、そもそも男女の友情が可能なのは、別のところで「本気で恋愛している」からかもしれません。

「恋に生きる」ことを幸せだと考えるドイツの人は多いですが、私自身はというと……いわゆる恋愛体質ではないかもしれません。恋愛だけではなく、自分の生活を考える中で全体のバランスが大事だなと感じています。

恋人がらみの縁（恋人の友達）にはご注意を

前にドイツ人は会社や仕事関係以外の友達を大事にする、という話をしました。ここでは、ちょっと個人的に気になっていることを書きます。

【友情】や交友関係を考えるとき【女性として】気を付けてほしいことが、実はあります。ここから書くことは、私がドイツの友達関係を見ていて感じていることです。

ドイツ人は男性・女性に限らず、前にも書いた通り【週末至上主義】ですから、週末にパートナーと過ごしたり、週末に（会社や仕事とは関係のない）友達と一緒にバーベキューをしたり、ホームパーティーをしたりなどをして過ごす人が多いです。

それはそれで楽しいのですが、女性として気を付けなければならないのは……うっかりしていると友達が、全員【彼氏つながり】つまり【恋人つながり】になってしまうこと。

ドイツはカップル社会ですので、週末に彼氏と過ごす時間が長ければ自然と彼の友達とも仲良くなることが多いです。そして自然な流れで彼の友達は私の友達でもあると錯覚してしまうことがありますが、これはある意味危険です。なぜなら彼の友達はあくまでも彼の友達だからです。彼氏と別れたらそれらの「友達」は全員彼の味方をするでしょう。

「彼の友達も私の友達」、そして、それまでの自分の友達も彼に紹介し、「私の友達も彼と仲良し」、さらにはカップル同士で週末に遊ぶという付き合い方は、カップルの仲がうまくいっているうちは楽しいです。

でも彼と別れてしまうと、面倒なことになりかねません。お互いがお互いの悪口を共通の友達に言って……というような展開になる可能性も。人間誰しも、そこまで【おとな】ではありませんから……。

●女性は、「恋人とは無関係の自分だけの友達」を持つことが大事

彼との共通の友達と全員縁が切れてしまうのは寂しいですし、やはり「恋人とは無関係の自分だけの友達」を持つことが大事だと思います。そうでないと、彼氏と別れたと同時に友達も全員失ってしまった、ということになりかねません。

そう考えると、友達は本当に友達として純粋に大事にし、仕事や恋愛相手とはつなげないほうが賢明かもしれません。

なんだかんだいって、カップルが別れた後に交友関係でつらい思いをするのは女性のほうが多いです。ドイツは基本的には男女平等の社会ですが、その平等は女性の社会進出や仕事においての平等を指していることが多いです。こういった人間関係的なことになると、なぜだか男性の味方をする人が多いシビアな社会なのです。

一つ例を挙げると、日本だったら夫が不倫をしたら、多くの人が夫を非難し妻を庇《ひ》護《ご》します。でもドイツだと、夫婦が別れそうなときに（夫婦の）共通の女友達が「新しい恋を見つけた彼（夫）を応援する」なんて言い出しかねません。

ドイツの社会はこういうときに男性に味方するある意味ハードな社会なのです。今まで自分の友達だと思っていた人が、気が付いたら元彼の行動を応援したり味方になったりと、言わば寝返る可能性があることは視野に入れておかなければなりません。

【彼氏つながりの友達】の多い女性は、少しずつ自分だけの友達を作ってみることを始めてはいかがでしょう。彼氏が縁の友達は残念ながら、自分だけの友達ではないことを心得ておくこと。

女性の人生は長いので、知恵をつけて、なるべく【不意の落とし穴】にスポッとハマってしまわないように、自分自身を守り楽しく過ごしたいものです。【あなた自身】を大事に。そして【あなた自身の友達】を大切にしましょう。

ドイツ人は男女の友情も大切にする

私は子供の頃から男友達よりも女友達のほうが多いです。ただ大人になってからも「数少ない男友達」との付き合いも続けてきました。それは私が既婚者になってからも変わりありません。出身地のドイツのミュンヘンにも昔からの男友達がいますし、25年前に日本に来て以来付き合いのある日本人の男友達もいます。

男友達と会ってお茶やランチをしながら近況報告をしたり、仕事や趣味の話をしたり、共通の友達の話をしたりと、女同士の付き合いと何ら変わりはありません。私にとって「性別に関係なく、波長の合う人」との付き合いはとても大事なものです。

でも日本の一般的な感覚はちょっと違うようです。例えば私が男友達と二人でイベントなどに出かけると、行った先でカップルとして扱われることも。カップルでない

旨説明すると「え？　彼氏でもない人と一緒に出かけているの？」と怪訝《けげん》な表情をされることもあります。そんなとき、「ああ……自分の感覚は日本の一般的な感覚とはだいぶ違うのだな」と感じます。日本では片方または双方が既婚者である場合、たとえ友達のような交流であっても「不倫」だと決めつけられてしまうような雰囲気もあります。

●大人の男女の友情に否定的な日本人

男友達との交流について、日本人の女友達に話したところ、「幼稚園児じゃあるまいし、大人になってから男と女の友情は不可能」と言われてしまいました。またこの女友達ではないのですが、「男友達」を「性的な関係も含んでいる」と誤解する人もいます。

私自身はあまり性別にこだわっておらず、仕事や趣味を通して気の合う人がいればプライベートでも交流を続けたいと考えるタイプです。そこに、それ以上の意味はありません。だから、独身の頃、女友達から「一緒にいて居心地のよい人であるのなら、

友達とか言っていないで、その人と結婚しちゃえば？」という助言があったときはちょっぴり複雑な気持ちになりました。

思えば日本では幼稚園や小学校に通う女の子が「今日は誰々君と遊んだんだ」と話すと、周りの大人が「じゃあ将来は誰々君と結婚だね！」とはやし立てることがあります。私が出身のドイツでは「男の子と女の子が仲良くしている」だけで、周りの大人がそのことを将来の「結婚」に結びつける発想はありません。もちろん日本の大人たちも半分冗談で言っているのだとは思いますが。

日本では、女性が男性と仲良くすると、「恋愛関係ではないのか」「結婚するのではないか」そして既婚者の場合は「不倫ではないのか」ととらえられることが多い気がします。もしかしたら昔の「男女7歳にして席を同じゅうせず」の名残なのかもしれません。

この感覚の違いを言葉で説明することはなかなか難しいのですが、私の中には「せっかく共通点があるのに、性別が違うというだけで交流を諦めるのはもったいない」

という気持ちがあります。あまり性別にこだわらないドイツで育ったからかもしれません。

子供の頃、私は月曜日から金曜日はドイツの小学校に通い、土曜日は日本人学校に通っていました。子供の頃は意識していなかったのですが、大人になってから振り返ってみると、ドイツの小学校のほうが休み時間や放課後に「男の子と女の子が一緒に遊ぶ」機会が多かったです。逆に土曜日の日本人学校では、自然な流れで「男女別に遊ぶ」ことが「普通」でした。大人になった今も当時の日本人学校の友達と交流が続いていますが、先ほど書いた通り、日本人学校では女の子とばかり遊んでいたため、当時の男の子の同級生とはあまり交流がありませんでした。

日本人学校で「男の子と遊んではいけません」と言われたことはありません。それでも、女の子が男の子と遊ぶことがあまりなかったのは、やはり「男の子は男の子と遊ぶのが普通」「女の子は女の子と遊ぶのが普通」だとする雰囲気があったのだと思います。

ドイツでは小さい子供だけではなく、思春期になってからも男の子と女の子の性別をそれほど意識しないため、その延長線でドイツ人の女性は大人になってからも男友達のいる人が多いです。ドイツではアウトドアのスポーツが人気ですが、スノボや山登りなど趣味が合えば、性別に関係なく一緒に出かけていく人が多いのです。既婚者の場合は家族ぐるみで付き合ったり、パートナー公認のもと出かけていくことも。

私自身は男友達というものを今もポジティブにとらえてはいるものの、「実は気をつけていること」もあります。それは「どういう理由であれ同じ部屋には二人きりで泊まらない」ということ、「現在進行形の仕事で定期的に関わっている男性とはプライベートで関わり過ぎない」ということです。

自分なりのラインを引いて気をつけてはいますが、先ほど書いた通り男友達は大事にしたいですし、男性と女性が二人きりで会うことがおかしいとも思いません。先日も男友達と喫茶店で3時間もおしゃべりに花を咲かせました。

●日本人は性別を意識しすぎでは？

やっぱり人間と人間には性別を超えたつながりもあると思うのです。そのため「男性と女性が二人きりで出かけた」と聞くや否や「デートに違いない」「恋愛関係に違いない」、そして既婚者の場合は「不倫に違いない」と解釈し騒ぎ立てる一部の風潮にはあまり共感できない私です。

誤解を恐れずにいうと、日本では性別を意識しすぎている面があると思います。「男女が〜」と言うとすぐに「性的な関係に違いない」と早合点してしまう人が少なくないことは残念だなと思いますし「もったいない」と思うのです。

男と女の関係は決して性的な関係や恋愛関係だけではない……一緒に働いたり、趣味を通じてつながったり、近況報告をしたりと「女友達と変わらない関係」は可能だと私は感じています。もちろん「気をつけながら」ですけどね。

番外編

都内のドイツおススメ・スポット 1

三輪亭

よく「おいしいドイツ料理はどこ?」と聞かれますが、私はいつもここ世田谷は豪徳寺にある南チロル料理をご紹介しています。
「三輪亭」〈http://www.miwatei.com/〉
「南チロル?ドイツではないんじゃない?」と思われるかもしれませんが、その通り、南チロルとは北イタリアのことです。そしてここは「ドイツ」の影響が強い土地柄です。ここではドイツ名物の白いソーセージ(Weißwurst)やシュペッツレ(Spätzle)などの本格ドイツ料理が食べられます。
1年に何回かは訪れているのですが、住宅街の真ん中にあるこのお店のドアを開くと、ホッとします。「こじんまり」と小さいお店ですが、テーブルや椅子はゆったりとスペースをとっているので座っていて居心地がよいです。「せかせか」とは遠い雰囲気のお店です。ドイツ語のgemütlich(居心地がよい)という言葉がピッタリ。

そんなふうに「雰囲気」も良いのですが、もちろん「味」も本格的。

本場の「白いソーセージ」(Weißwurst)が食べられる

おススメなのは上にも書いた「白いソーセージ」(Weißwurst)です。

ドイツ、特にバイエルン地方ではこのソーセージを「おめでたい」ときに食べます。クリスマスイブに白いソーセージを食べる家庭もありますし、子供の洗礼などのお祝いでもこの白いソーセージが登場します。もちろん、何もおめでたいことがなく、普通に食事に行ったときに注文するのもオッケーです。この白いソーセージ、焼くのではなく、ゆでていて、「皮」をむいていただきます。だから皮がいかに上手にむけるかが勝負だったりします。もちろん三輪亭は「ゆで方」もバッチリです。

私は週末や祝日のランチで友達と一緒に利用することが多いですが、そんなときはRadlerを飲みながらゆったりお食事と会話を楽しみます。Radlerとはビールをスプライトで割ったもので、これを週末などにお昼から飲むのがたまらなく好きです。Radlerは特に夏に飲むとさわやかでスッキリします。
ここに来ると「ドイツのゆったりとした雰囲気」を思い出します。昼間から軽いアルコールで友達とおしゃべりをするのは至福の時間です。

都内のドイツおススメ・スポット 2
Schomaker（ショーマッカー）

ドイツのパンと言えばここ

私のお散歩ルートの途中にある大岡山のパン屋さん「Schomaker（ショーマッカー）」。〈http://www.schomaker.jp/index.html〉

自分の分も買いますが、お花見シーズンなど人がいっぱい集まるイベントの時に、予め電話して、「何月何日にBrezeを20個お願いします」と注文することも。

私は「ドイツのパンってどんな感じ？」と聞かれたら、ここSchomakerを案内しています。なんというかここは言わばドイツパンにおける"辞書"のような感じ。というのも、悪口になってしまいますが、ドイツ人は日本でいう「あんぱん」はパンとは認めておらず、ドイツ人にとってのパンは甘くなく、バターを塗ったりハムを載せたりして美味しくいただけるものこそが「パン」です。Schomakerには、そんなドイツ基準のパンが数多く並んでいます。たとえばRoggenbrotにバターを塗りハムを載せていただくとおいしいです。

同店のシェフである清水信孝さんはドイツで修業をした後、大岡山でSchomakerを開きました。〈http://www.schomaker.jp/germanyhe.html〉

いつだったか伺った際にはドイツで研修を受けた証明書も店に飾ってありました。

私のお気に入りはBreze、そしてパーティークランツ（ドイツ産ライ麦30％　国産小麦70％ ひまわり・かぼちゃの種・ライ麦の押し麦・ケシの実入り）です。　パーティークランツはおいしいし、お花のようで見栄えも良いので、お花見シーズンなどで、差し入れとして持っていったりもします。

http://www.schomaker.jp/index.html

※私は散歩がてらに買いに行ったりもしますが、ウエブで注文もできます。

Brezeに関してはもちろん、そのまま食べてもおいしいですが、私はBrezeにナイフで切れ目を入れ、バターをはさんで食べます。ドイツでいうButterbrezeですね。

Butterbrezeは、子供のころから幼稚園とか学校のおやつとして、親がたまに持たせてくれました。思い出がつまっているせいか、食べると幸せな気持ちになります。

門倉多仁亜さんインタビュー　聞き手：サンドラ・ヘフェリン

ドイツ流 ゆったりした暮らしのススメ

書籍『心地よく、ていねいに、ゆとりを楽しむこれからの暮らし方』（扶桑社）などの著書があり、料理研究家として活躍する門倉多仁亜さん。そんな多仁亜さんのライフスタイルに着目してみます。

日本の人を見て、ここは「ドイツ流」を取り入れれば、もっとラクに生きられるのになあ……と思うことはありますか？

多仁亜さん：はい、たくさんあります。金婚式を迎えた両親（※）は、ドイツで「結婚50年を祝うパーティー」を開き、たくさんの人が来てくれました。6月で暖かかったこともあり、お客さんの中には半ズボンで来た人も。基本的にドイツでは「パーティーは楽しめればいいい」と考えている人が多いですね。だからパーティーでもてなす側も気楽だし、参加する客も気楽です。日本のパーティーは、服装にまつわる「縛り」が厳しいなと改めて思いました。

パーティー時の服装に限らず、ふだんからドイツでは機能性が重視されていますね。私も機能的な服が好きで、NHKの料理番組に出たとき「料理をするには動きやすい服のほうがよい」と思い、スニーカーを履いていったんです。そうしたら、画面に足元が映ったみたいで、見ていた日本の親戚から「NHKに出るんだから、もっとちゃんとした格好をしていきな

さい」と叱られました（笑）。

お稽古ごとなど、人が集まる場で感じるのは、みなさん周りの人にとても気を遣うということ。例えば6人いて、席が6席あったとしますね。何の問題もないはずですが、みなさんなかなか座りませんね。お互いが席を「どうぞお先に、お先に……」と譲り合うので、なかなか座れないんです（笑）。

確かに日本には「上座」や「下座」があるので、サッと座るわけにもいかないのは分かりますが、席の譲り合いに限らず、日本だと「人が集まる場での会話の仕方が決まっている」と感じることがあります。最後にお菓子が一つ残ったら、またみなさんそれを「どうぞ、どうぞ」と

周りの人に勧め、そして誰も手を付けないのもお決まりですよね。もっと自然でいいのにって。

中学生や高校生のときは化粧が禁止だったのに、社会人になった途端に化粧をすることが求められることなど、日本では社会通念上「決まっている」ことも多いので、みなさんはなんとなくそれに従ってしまっていますけど、ドイツではまず「自分がどのようにしたら心地よいか」を考えますね。

ドイツでは行動をする際の基準が「自分の中」にある人が多いのに対し、日本では基準が「自分の外側」にあることが多いと感じています。私は料理を教えていますが、日本の人は料理にも「正解」を求める気がします。料理の味見のときに「先生、この味で正解ですか？」と聞かれることも多いのですが、料理にいわゆる「正解」はありませんから基本的にはその人が美味しいと思えばそれでよいと思っています。

「文化の違い」について印象に残ったエピソードなどがあれば教えてください。

多仁亜さん：ドイツには移民が多いですが、このあいだドイツに住むアフガニスタン人について面白い話を聞きました。そのアフガニスタン人の夢は「ドイツ人のお家でコーヒーを飲むこと」らしいんです。実はそのアフガニスタン人は既にドイツ人から「家でコーヒーでも飲んでいきますか？」と誘われているのですが、アフガニスタンではその手のお誘いを3回断るのが礼儀だそうで、どうしてもその癖が抜けないんだそうです。だからなかなかドイツ人のお宅でのコーヒーにありつけないんですって（笑）。アフガニスタンでは「そんなことを言わずに、コーヒーを飲んでいってくださいよ」「いや、いや……」というやり取りが3回は繰り返され、それから相手の家にコーヒーを飲みに行くのだそう。こういう「遠

慮」の文化、日本と似ていると思いませんか？ドイツにこういった「遠慮」の文化はないため、相手が断るとドイツ人は割と早い段階でサッと引き下がってしまうんですね。
ところで「コーヒーになさいますか？　お茶になさいますか？」と聞かれた場合、日本の人は周囲に合わせることが多い気がします。ドイツ人のほうが「私はコーヒーで」と自分の好みをパッと言いますね。
日本の人は「ドイツ人は決まりごとが好き」「規則が好き」というイメージを持つことがありますが、先ほどお話した両親の「結婚50周年パーティー」ではないですけど、ドイツは日本と比べて服に関する規定は少ないと思います。日本では、衣替えの日にちとして「6月1日」「10月1日」と日付まで決まっていますし、素材に関しても「麻を着るのは夏」といったある種の掟がありますよね。だから秋や冬に麻を着るとツッコまれることがありますが、これはドイツではなかなか見られない光景です。

――ドイツと日本で「お金の使い方」は違うと思いますか？

多仁亜さん：はい、日本とドイツでは「お金のかけ方が違う」と感じます。一般的に日本人の女性のほうが服・化粧品・アクセサリー・外食にお金を使う印象です。ドイツの女性はそれらにはあまりお金をかけず、旅行、家、インテリアにお金をかけている印象です。

日本人から「ドイツ人のお家はなぜあんなにスッキリしていて綺麗なんですか？」と聞かれることがあります。これはドイツを含むヨーロッパのほうが「人を家に招く習慣がある」というのもありますが、私はもっと違うところにも理由があるんじゃないかと思っているんです。それは「自分は家の中

で過ごす時間が長いのだから、家を自分が居心地がよいと思える空間にしよう」と考える人がドイツには多いということです。「人の目」よりも「自分の目」が大事なんですね。
私も、家に誰も招かないときでも、自分のためにお花を飾っています。私はお花があると気持ちが和みます。

先ほど、日本人はいろいろ気を遣いすぎだと話されていましたが、逆に多仁亜さんから見て「日本人はあまりやらないけれど、ドイツ人がやっていること」はありますか？

多仁亜さん：先ほどもチラッとお話ししましたが、家の中のことについて、ドイツ人のほうがこだわっている気はしますね。家の中をスッキリさせることを優先して、そもそもモノをあまり買わないですね。そして何よりも面白いのは、人を家に呼ぶと、寝室などのプライベートの空間も含めて、客に「情報開示」をすること。お客さんを連れて、「これが子供部屋です」「これが書斎です」「これが寝室です」と各部屋のドアを開けて説明をします。その点、日本人のお宅に邪魔すると客間に通され、お手洗いに立つとき以外、客間を離れないので、そこは大きな違いですね。

あとドイツ人は年齢や性別を問わず開放的な人が多いですね。

ドイツ人の母は昔から日焼けが大好きです。日本に住んでいたときはあまり日焼けができなかったのですが、母は60歳のとき「スペインでトップレスになって日焼けをするのが楽しみ」といってはスペイン滞在を楽しんでいました。そういう話を娘の私にもお話ししてくれますので、「母」「娘」というよりは「大人」「大人」の関係で気持ちがいいですね。我が家は太陽と日焼けが大好きです。「日焼けの文化」があるドイツにいるとトップレスも含めてアレコレ考えなくて良いから気が楽ですね。

ここまでお話ししてきたことでもお分かりいただけるかと思いますが、ドイツでは良い意味で「性別にこだわらない」ところがあります。私もそうですが、ドイツの女性には「男友達」が普通にいますね。趣味や仕事でつながることが多いですが、日本のように「友達は同性でなければいけない」という縛りはないのです。

日本の生活の中に取り入れることのできる「ドイツ」について、多仁亜さんから皆さんへのおススメはありますか？

多仁亜さん：日本では食へのこだわりから、食事を一生懸命作る人が多いです。今は少なくなってきているものの「一汁三菜」という言葉もありますしね。「毎日違うものを作らなくては」と考える人も多く、凄いなと思う一方で、「そこまでやらなくてもいいのに」という思いもあります。

ドイツでは昔から朝ごはんと夜ごはんはKaltes Essen（カルテス・エッセン）にするという家庭も多いのです。Kaltes Essenは日本語に訳すと「冷たい食事」という意味。要は温める必要のない食事ということです。サラダ、パン、ハム、チーズ、などといった食事のことです。私は夫とともにしばらく夜はKaltes Essenにしていたのですが、食器洗いが楽です（笑）。

GIRL

パン、ハム、チーズなどといった食材を少し大きめの「まな板」に並べると、先ほどお話ししたように洗い物が楽なので、私はドイツ流のKaltes Essenを皆さんにもおススメしたいです（笑）。夫は日本人ですが、我が家ではKaltes Essenにしたところ、身体への負担が少ないのか、夫婦ともども体調がよくなりました。

Kaltes Essenにはパンが不可欠ですが、パン絡みでドイツの良い思い出がたくさんあるんです。ドイツは日曜日に店が閉まっていますが、パン屋さんだけは例外で、平日も朝早く（6時）から開いています。私が子供の頃の役割は朝パン屋さんに行って家族全員分のパンを買うことでした。

大人になってからは、友達が週末や祝日に「お家においで」とよくブランチに呼んでくれました。ブランチといっても、いってみれば「みんなで食べる遅めの朝ごはん」のことですが、ここでもまた皆で食べるパンが美味しかったです。

このようにドイツの思い出というとやはり「パン」がらみのことが多いですね。

ドイツでは実に90パーセント以上の人が毎日パンを食べていて、これは年間一人当たり20キロの量。２０１４年にはドイツのパン文化がユネスコ無形文化遺産への仲間入りを果たしました。やっぱりドイツの人にとってパンは欠かせないものなのです。

余談ですが、和食の場合、どうしてもお皿や器の数が多くなりますから、食器洗

いが大変です。ちなみに、実家にはけっこう立派な食器洗い機があるのですが、父（日本人）が「やっぱり自分で洗うべき」と家族に食器洗い機を使わせてくれません（笑）。食器洗い機があるのに、父がみんなの食器を手で洗ってくれているんです（笑）。父曰く「手で洗うほうが温かみがある。食器洗い機はなんだか冷たい感じがする」とのことです。そんなわけで実家では父が洗い物を担当しています。

多仁亜さんご自身が日々の生活の中で大事にしている「ドイツ」について教えてください。

多仁亜さん：日本での生活も長くなりましたが、日々の生活で私の一部である「ドイツ流」を自然に取り入れています。例えば日本では日曜日もお店が開いているため、ショッピングをしたり、

友達と出かけたり、時には仕事をしたり、と日曜日を活動的に過ごす日本人も多いですが……私は日曜日は休みます。力を抜いて、家族などと一緒にゆっくり過ごす。これはやはりドイツ人の母からの影響だと思います。
日曜日に限らず、家で過ごす時間を大事にしているので、やはり家が自分にとって居心地のよい空間になるよう心がけています。私はお花が好きなので、必ず飾っていますね。お花というとハードルが高いと感じる人もいるかもしれませんが、一輪の花だと花瓶などの手間もかかりらないですし、私は花を玄関、机など家のいろいろな所に飾っています。そうすると、テンションが上がるんですよ。
春先や秋の天気が良い日には家のベランダで

お茶をするのも好きです。季節のケーキをいただきながらゆっくりした時間を楽しみます。でも「ゆっくり」といっても、お話はたくさんしますよ。サンドラさんもそうでしょうけど、ドイツ人は「お話し好き」な人が多いですから、会話なくし

て人間関係は成り立たないんですよね。だから皆で料理をいただくときも、「料理よりも会話」がメインです。お茶を飲みながらケーキをいただくときも、味を楽しみながらも、やっぱりメインは「会話」です。

ドイツの人間関係はネガティブなことも自然に受け入れ合う感じですね。「私、晴れ女なんです」みたいに「自分は運が強い」ことをアピールすることもありません。日本では「縁起」を大事にするせいか「不幸な人といると不幸がうつる」などという話を聞いたりしますけど、ちょっと冷たいんじゃないかと思いますね。ネガティブなことも話し合えるのが自然な人間関係だと思います。

基本的に私はやっぱり「自然」が一番好き。旅行に出かけるときも、「何時何分にこの観光スポットを見る」と細かく計画を立てるのではなく、行った先での雰囲気を楽しみたい。自由気ままに動ける余裕が好きなんです。

いろいろお話ししてまいりましたが、「(他人ではなく)自分にとっての居心地のよさ」がドイツ流の生き方において一つのキーワードのように思います。ちなみに私にとっての「至福の時間」は、「家で日曜日や食事時に夫とジャズラジオを聴いているとき」です。

(文章＝サンドラ・ヘフェリン)

※多仁亜さんのご両親は国際結婚で、父親が日本人、母親がドイツ人。

門倉多仁亜(かどくら たにあ)

料理研究家。日本人の父とドイツ人の母の2つのルーツをもち、日本、ドイツ、アメリカで育つ。国際基督教大学を卒業後、証券会社に勤務。結婚後、ロンドンのコルドンブルーのグランディプロムを取得し、長年東京の自宅で料理教室を主催。現在は夫の出身である鹿児島県鹿屋市に在住。雑誌や書籍で料理やドイツのライフスタイルなどを発信。

おわりに

みなさん、最後までお読みいただきありがとうございました。

本の執筆について、自由国民社の編集者の井上はるかさんからご連絡いただいたのは2015年のことです。当初、この本は「ドイツの靴」をテーマにした本になるはずでした。でも靴について色々と調べ書いていくうちに、「なぜ良い靴を履くことが大事なのか？」と考えるように。答えは「歩きやすくなるため」なのですが、では「なぜ歩きやすいのが、そんなに大事なのか？」を突き詰めて考えてみると、結局は「心地よく過ごすため」ということにつながります。井上さんと話し合い、「靴」だけに限定するよりも、「心地よい生き方」にフィーチャーして書くのがよいのではないか、という話になり、途中で路線変更をしたというわけです。8年越しの本の完成となりました。

今の時代、多くの人がストレスを抱えて生きています。理由の一つに「時間に余裕がない」というのがあります。デジタル化が進み、昔は郵便局まで行って送らなければならなかった資料を今は添付ファイルで送ることができます。打ち合わせも、Zoomなどを使ってオンラインで済ませることが可能です。便利になったぶん、ずいぶんと「時間の節約」ができたはずなのです。ところがどこを聞いても「時間の余裕ができた」という声は聞こえてきません。結局、デジタル化によって仕事を効率よくこなせるようにはなりましたが、そのことにより「できたはずの時間」を私たちは気付かないまままた別の作業に使ってしまっています。

そして昔も今も変わらないのは、多くの人が「人間関係のストレス」を抱えていること。コロナ禍に伴いテレワークが導入されたことで、人間関係のストレスが減ったのかと思いきや、顔が直接見えないぶん、相手の反応が分かりづらかったり、自分が誤解されているのではないかと思ってしまったりと、テレワークも新たな人間関係の悩みを生み出しているようなのです。

「仕事の悩みがある」という人の話をよく聞いてみると、仕事の「内容」の悩みだというより「人間関係」の悩みだったりします。私自身、日本の会社に勤めていたことがあるので、「同じ人と毎日顔を合わせる中で感じるストレス」については熟知しているつもりです。でもある時、会社で先輩にあたる人が「人の顔を見たら札束だと思え」と話していて、今でも格言だと思っています。人間関係についてあれこれと複雑なことを考えてしまいがちだけれど、仕事の場合はまさに「人の顔は札束」だと思えばラクになれます。少なくとも私はそうでした。

同じ人間関係でも「家族」となると、仕事のようにドライにはいきません。特に女性はうっかりしていると、「家族」にどっぷり取り込まれてしまうことがあります。夫が仕事の忙しさを理由に自分の親の介護に知らんぷりを決めているがために、本来そんな義務はないはずなのに妻が義両親の世話をあれこれする羽目になったりと「本来こんなはずではなかった」という話が世の中にはゴマンとあります。「女性は家族のケアをするもの」という世間の期待を女性が無意識のうちに背負ってしまっています。

「女性なのだから子供を産まないと」というのがまさにその典型です。でもこの前提を真に受けてしまうと、真面目な女性ほど悩むことになってしまいます。

私が育ったドイツにも「子供をもつべきだ」という考えはあります。でも日本のように「血がつながっている」ことにこだわらないため、養子を迎えることにオープンな人も多いです。日本では女性に対する「自分で産まなければいけない」というプレッシャーが強いです。日本で不妊治療で思い詰める女性が多いのはそういったところに原因がありそうです。本書にも登場しますが（84頁～85頁）、日本のような「家」の概念がないドイツでは「私が産まないと、家が途絶えるから……」といったプレッシャーと女性は基本的に無縁です。

「子供が言うことを聞かない」と子育てに悩んだり、夫との関係に悩んだりと、家族を持つ女性に悩みがあれば、独身の女性にもまた「親の期待に応えられない」「将来が不安」などの悩みがあります。「女性の生き方」は多岐にわたるわけですが、そんな中で大事なことは「比較をしない」ことだと思います。

私は今東京に住んでいて、団塊の世代である母（日本人）はドイツで一人暮らしをしています。基本的には仲良しですが、デジタルというものを完全に拒否している母は携帯もパソコンも持っていないことから、当然メールもビデオ通話もできず、とても不便です。母との連絡手段は「娘の私が母の固定電話に電話をする」という形に限られています。ここ数年は「毎週、土曜日の午後に電話で話す」というふうに落ち着いています。

一時期はずいぶんと悩みました。母がメールさえやってくれれば連絡だってスムーズにいきます。だいたい今の時代に携帯を持たないなんて、どういうことなのか。周囲の友達や知人に聞いてみても、ほぼ全員が「ウチの両親は高齢だけれどメールやビデオ通話を楽しんでいる」という人達ばかりで私はとても落ち込みました。「お母さんに（メールなどの）やり方を教えればいいじゃない？」とも言われましたが、そんな人は母の頑固ぶりを知りません。

でもよく考えてみれば、母との連絡は確かに「不便」ではあるけれど、母との関係は良いわけですし、そんな母を「デジタルをすんなりと受け入れているお友達のお母さん」と比べて、私がイライラしたり、「ウチの親ももっと新しいものにオープンであれば……」なんて悩むのもくだらないと思うようになりました。

そう、人は人、自分は自分。そして自分の親は自分の親、人の親は人の親なのです。人様の親と自分の親を比べること自体が不幸の始まりなのですね。

「今は何々がスタンダード」と言うのは簡単だけれど、親と言えども人は変えられないのです。無理やり変えようとしたところで、関係がこじれることもあると思います。だから最近は母に対して「最低限のデジタルを覚えてもらおう」とは思わなくなりました。諦めがついたのかもしれません。

人間関係のストレスについては残念ながら「これが100％正しい」という解決方法はありません。自分の性格も、相手の性格も違うからです。人間関係は相手あってのことですから、日本流にいえば「空気を読みながら」考えるしかありません。

これが家族の場合、それこそ空気を読みながら踏み込んだり引いたりの繰り返しなのだと思います。私は「問題を起こす子供」について親は簡単に諦めてはいけないと思う反面、近年話題の「毒親」つまりは「問題を起こす親」については、子供にそのエネルギーがあるうちに「逃げるが勝ち」だと考えています。成人して経済的に自立したら、早いうちに精神的にも物理的にも親から離れるのが一番。

もしこれを読んでいる人で「これから結婚する」という女性がいたら、夫との関係も義両親との関係も「最初が肝心」だということを強調したいです。

「息子は良い人と結婚した」と思われたいがために、義実家の行事に全て参加し積極的に手伝うなどして「良い嫁キャンペーン」をやったら最後、相手の自分への期待度は高くなるばかりです。これでは自分が疲弊してしまいます。夫に関しても同じです。最初から毎日夫のお弁当を作ったり、たくさんのおかずを食卓に並べて手の込んだ料理を作れば、夫にとってはそれがスタンダードになってしまいます。後に子育てと仕事の両立で妻が多忙になり、結婚当初とは状況が変わっても、料理がシンプルになれば「手抜き」と言われかねません。身も蓋もないようですが「最初からがんばりすぎないこと」が「女性の生きやすさ」につながる気がします。

相手へ迷惑をかけてしまうことを心配するあまり、自分自身が疲弊してしまっては、幸せは遠のいてしまいます。良い意味で自分本位になって、自分の中にいくらでもエネルギーを残しておきましょう！　そのためには……お分かりですよね（笑）。がんばりすぎないことです。

最後になりましたが、編集者としてたくさんのヒントをくださった井上はるかさん、本の雰囲気にピッタリの自然なイラストを描いてくださった原田リカズさん、素敵なブックデザインをしてくださった原田恵都子さん、快くインタビューを引き受けてくださった料理研究家の門倉多仁亜さん、そしてこの本を作る過程で話を聞かせてくださった方々に深く感謝申し上げます。

2023年5月1日　サンドラ・ヘフェリン

〔著者紹介〕

サンドラ・ヘフェリン

エッセイスト。ドイツ・ミュンヘン出身。日本在住25年。日本語とドイツ語の両方が母国語。自身が日独ハーフであることから、「多文化共生」をテーマに執筆活動をしている。著書に『体育会系 日本を蝕む病』（光文社新書）、『なぜ外国人女性は前髪を作らないのか』（中央公論新社）、『ほんとうの多様性についての話をしよう』（旬報社）などがある。

ホームページ*「ハーフを考えよう！」*

<http://half-sandra.com/>

【写真協力】
Pixabay（p18,20,23）
Shutterstock(p17,19)
iStock(p21,24)
iStock.com:Anne Czichos(p22)

イラストレーション　原田リカズ（Harada＋Harada）
ブックデザイン　原田恵都子（Harada＋Harada）
本文ＤＴＰ　(有)中央制作社

ドイツの女性はヒールを履かない

無理しない、ストレスから自由になる生き方

2023年7月20日　初版第1刷発行

著者　サンドラ・ヘフェリン
発行人　石井　悟
印刷所　横山印刷株式会社
製本所　新風製本株式会社

発行所　株式会社自由国民社
〒171-0033　東京都豊島区高田3-10-11
03-6233-0781（代）https://www.jiyu.co.jp/